술, 질병, 전쟁
미생물이 만든 역사

· 이 책은 대한민국 교육부와 한국연구재단의 지원을 받아 수행한 연구를
바탕으로 집필하였음(NRF-2019S1A5C2A04083293).

술, 질병, 전쟁
미생물이 만든 역사

김응빈 지음

교보문고

미생물의 세계 속 인간의 역사

천문학에서 말하기를, 태초에 큰 폭발이 있었다. 대략 137억 년 전에 일어난 사건이다. 빅뱅으로 시작되어 상상을 초월하게 뜨거웠던 우주는 사방으로 팽창해나갔다. 이 과정에서 우주 먼지가 뭉쳐서 여러 덩어리가 만들어졌다. 지구도 이 가운데 하나로 46억 년 전쯤에 생겨났다. 이때 지구는 용광로처럼 뜨거웠다. 지구가 얼마나 빨리 식었는지는 정확히 알 수 없지만, 상당히 뜨거운 상태에서 최초의 생명체가 출현한 것으로 보인다.

현재까지 발견된 가장 오래된 생명체 화석은 36억 년 전쯤에 존재했던 세균의 것이다. 46억 년 지구 역사를 24시간으로 환산하면, 새벽 5시쯤 처음으로 세균이 탄생했고 밤 9시까지는 미생물만의 세상이었다. 이 기간에 미생물은 그저 놀기만 하지 않았다. 지구가 지금과 같은 푸른 행성이 될 수 있는 기본 환경을 조성했다. 특히 30억 년 전쯤 출현한 초록 세균 시아노박테리아남세균의 활약은 괄목할 만하다.

시아노박테리아는 식물이 출현하기 훨씬 전부터 광합성을 하며 살았다. 빛을 이용해 이산화탄소와 물을 재료로 당분(포도당)을 만들고 산소를 내뿜기 시작했다는 말이다. 이런 삶의 방식을 통해 시아노박테리아는 원시 지구 환경을 획기적으로 바꾸어나갔다. 광합성의 결과로 발생한 산소가 거의 무산소 상태였던 대기로 들어가 쌓이기 시작한 것이다. 축적된 산소O_2 일부는 오존O_3으로 전환되어 층을 이루었다. 오존층은 자외선으로부터 생명체를 지키는 보호막 역할을 한다. 특히 생명체에게 가장 해로운 짧은 파장의 자외선을 거의 모두 흡수한다. 이로써 생명체 육상 진출의 필요조건이 해결되었다. 또한 산소를 머금은 공기는 유산소 호흡을 하는 생명체 진화의 길을 열었다. 한마디로 시아노박테리아는 지구상의 다양한 삶의 터전을 닦은 셈이다.

사실 식물 세포에서 광합성을 담당하는 엽록체 자체가 시아노박테리아에서 유래한 것이다. 대략 15억 년 전, 원시 지구에 살던 어떤 미생물이 자기보다 작은 시아노박테리아를 잡아먹었다. 그런데 포식자가 소화를 시키지 못해 시아노박테리아가 포식자 안에서 우연히 살아남는 일이 발생했다. 반대로 포식이 아니라 감염이었을 가능성도 있다. 아무튼 둘은 더는 서로에게 해를 끼치지 않았을

뿐만 아니라 점차 도움을 주고받는 관계를 형성해나갔다. 먹힌 시아노박테리아는 광합성에 전념해 에너지를 만들어 나누어주고, 먹은 미생물은 그 대가로 안정된 주거지를 공급했다. 이런 관계가 결국 오늘날 식물 세포의 광합성 기구인 엽록체로 발전했다. 자칫 소설처럼 들릴 수 있지만, 많은 증거를 바탕으로 현재 생물학 교과서에 소개될 만큼 공신력을 얻은 생물학 이론이다.

실제로 화석 증거는 공기에 산소가 상당히 축적된 시점부터 다양한 생명체들이 속속 나타났음을 보여준다. 하루로 환산한 지구 역사의 마지막 세 시간 동안 삼엽충→어류→양서류→파충류 → 조류→포유류로 이어지는 생물 진화가 일어났다. 그리고 자정이 되기 약 30초 전에 맨 마지막으로 현생 인류의 직계 조상인 호모 사피엔스Homo sapiens가 등장했다.

지구 생물의 터줏대감 격인 미생물은 인류 탄생의 순간부터 지금까지 우리를 지켜봐 왔고 앞으로도 그럴 것이다. 이는 미생물이 인류 역사의 아주 중요한 부분을 차지한다는 것을 의미한다. 미생물학 전공자가 인류 역사에 대해 왈가왈부하는 건 분명 어불성설이다. 하지만 역사를 좋아하는 보통 사람으로서 교과서에서 배운 역사 지식에 미생물학 렌즈를 대보는 시도는 거창하게 지식의 융합까지는 아니더라도 기존 지식의 또 다른 면을 보여줄 거라 순진하고 막연하게 기대해본다.[1]

번듯하게 동식물 축에 끼지 못하는 생물을 몽땅 미생물이라고 부른다. 동식물을 제외하면 남는 게 뭐가 있냐는 의문이 생길 수 있다. 당연하고도 좋은 질문이다. 엄밀히 말하면 남는 게 없는 게 아니라 남는 게 없어 보이는 것이다. 대부분은 너무 작아서 맨눈에는 보이지 않기 때문이다. 진짜 없는 것처럼 보인다. 이렇게 무시당하는 게 억울했는지 이들 가운데 일부가 요사이 부쩍 자신의 존재감을 드러내고 있다. 그것도 아주 고약한 모습으로 말이다. 2009년 조류인플루엔자 AI avian influenza로 인해 처음으로 대중에게 널리 알려진 '신종 감염병'은 2020년 코로나바이러스감염증-19(이하 코로나19로 표기)가 전 세계를 강타하면서 일상적인 뉴스가 되어버렸다.

이런 지경이니 보통 사람들이 미생물은 병을 일으켜 건강을 위협하고 음식을 썩게 해 생활에 불편을 주는 해롭고 더러운 생물이라고 여기는 건 당연하다. 안타깝게도 이건 하나만 알고 훨씬 더큰 두 번째를 몰라서 생기는 걱정스러운 오해다. 사실을 말하자면 질병을 일으키는 미생물은 훨씬 소수고, 대다수의 미생물은 우리인간은 물론이고 지구에 사는 모든 생물이 삶을 이어가는 데 핵심적인 역할을 하고 있다. 우리가 매일 엄청나게 배출하는 생활 쓰레기(음식물 찌꺼기, 분뇨, 생활하수 등)만 생각해봐도 미생물의 중요성을 쉽게 알 수 있다. 만약 미생물이 활동하지 않는다면 우리는 더이상 깨끗한 물을 마실 수 없고 머지않아 우리가 버린 쓰레기 더미에 묻혀버리고 말 것이다.

이처럼 미생물은 우리가 절대로 간과해서는 안 되는 존재다. 한

없이 유용한 존재이기도 하지만 코로나19처럼 전 인류를 공포와 혼란으로 몰아넣을 만큼 위협적인 존재이기도 하기 때문이다. 사실 인류는 미생물 때문에 크고 작은 변화를 많이 겪었다. 이 책에서는 인류에게 큰 영향을 준 미생물들을 알아보고, 그로 인해 벌어진 역사 속 사건들을 살펴보고자 한다. (페스트균을 비롯해 다른 책에서 많이 다루어진 미생물은 되도록 배제했다.) 한없이 유용하기도, 또 위험하기도 한 미생물의 이야기를 알아봄으로써 현재와 미래의 위험을 미리 방지하고 풍부한 가능성과 기회의 세계로 한 발짝 더 가까이 나아갈 수 있기를 기대하면서 말이다.

혹시 미생물과 세균, 바이러스의 구분이 어려운 독자라면 먼저 '상자글' 정독을 권한다. 자칫 교과서 내용처럼 느껴져 살짝 지루하더라도 조금만 참고 읽어주기를 바란다. 작은 수고가 훨씬 재미있는 책 읽기를 선사할 것이다.

상자글: 미생물이란?

동식물과 마찬가지로 미생물도 세포로 구성되어 있다. 세포의 특성을 구분하는 가장 중요한 기준은 핵이 있느냐 없느냐다. 핵은 유전물질인 DNA가 들어 있는 세포소기관 가운데 하나다. 세포소기관이란 세포 내에서 특정한 기능을 수행하도록 분화된 구조물이며, 막으로 싸여 있다. 대표적으로 핵과 미토콘드리아, 엽록체 따위가 있다. 핵의 유무에 따라 세포는 크게 두 가지로 나뉘는데 핵이 있으면 진핵세포, 없으면 원핵세포라 부른다. 비유해서 말하자면 원핵세포는 단칸방이고 진핵세포는 여러 개의 방이 있는 저택이라고 할 수 있다. 그 구조에 약간의 차이가 있을 뿐 동물과 식물, 일부 미생물은 기본적으로 같은 진핵세포로 구성되어 있다. 반면 원핵세포는 미생물에게서만 발견된다.

생명의 언어인 DNA 정보에 근거하면 생물은 크게 세 가지, 고세균과 세균, 진핵생물로 나눌 수 있다. 고세균과 세균은 미생물이다.

그리고 이들은 모두 원핵세포로 이루어진 원핵생물이다. 진핵생물도 식물과 동물 이외에는 모두 미생물(진균, 조류, 원생동물)이다. 게다가 세포의 형태를 갖추고 있지 않아서 때때로 생명체와 비생명체의 경계에 걸쳐 있는 것으로 간주하는 바이러스도 편의상 비세포성 미생물로 간주한다. 진핵세포(10~100μm μm: 마이크로미터, 1,000분의 1mm)가 야구 경기장만 하다면, 원핵세포(0.1~10μm)는 투수 마운드 크기고 바이러스(20~400nm nm: 나노미터, 1,000분의 1μm)는 야구공 정도로 가늠할 수 있다.

고세균은 다른 생물이 살 수 없는 험악한 환경에서도 유유자적할 수 있는 능력을 지닌 미생물 집단이다. 고세균의 영문명은 'Archaea'이다. '고대의' 또는 '원시의'를 뜻하는 접두사 'archaeo-'에서 유래했다. 이들의 서식 환경이 원시 지구와 비슷하다고 생각하기 때문이다. 끓는 물에 가까운 온천수나 사해처럼 염분 농도가 높은 곳이 여러 고세균의 보금자리다. 흥미롭게도 방귀 성분의 30% 정도를 차지하는 메탄가스는 일부 고세균만이 만들 수 있다. 결국 우리 장 속에도 많은 고세균이 살고 있다는 얘기다.

박테리아Bacteria라고도 부르는 세균은 엄청나게 다양한 능력을 지닌 미생물이다. 능력에 비하면 이들의 모양은 단순하다. 일반적으로 세균은 동그랗거나(알균 또는 구균), 갸름하거나(막대균 또는 간균), 구불구불하다(나선균). 세균은 수많은 물질을 분해, 쉬운 말로 썩게 한다. 일부 세균은 광합성을 하며 살아가기도 한다. 대표적으로 시아노박테리아는 식물과 똑같이 광합성을 한다.

이제 진핵생물에 속하는 미생물을 알아보자. 진균을 좀 더 친숙한 말로 하면 곰팡이다. 곰팡이 하면 보통 상한 음식에 핀 가는 실타래 같은 모양이 떠오른다. 이런 곰팡이를 모양 그대로 사상균絲狀菌이라고 부른다. 빵이나 맥주 등을 만들 때 사용하는 효모(이스트)도 또 다른 곰팡이다. 그리고 다소 놀라울 수 있는데, 버섯도 곰팡이다.

밥상에 흔히 오르는 미역과 파래, 김 등이 쉽게 볼 수 있는 조류다. 미생물학자는 이런 다세포 대형조류보다는 단세포 미세조류에 훨씬 더 관심이 많다. 조류는 광합성을 통해 이산화탄소를 소비하고 지구에 필요한 산소의 절반 정도를 공급한다. 하지만 특정 미세조류가 짧은 시간에 급증하면 적조 또는 녹조 현상과 같은 골치 아픈 문제가 생긴다.

원생동물은 '원생原生'이라는 이름대로 가장 원시적인 단세포 동물을 총칭한다. 많은 이들에게 친숙한 아메바와 짚신벌레 따위가 여기에 속한다. 대부분의 원생동물은 주변 환경에서 양분을 섭취하지만, 유글레나처럼 광합성을 하기도 한다. 반면 말라리아 원충처럼 동물에 기생하며 병을 일으키는 원생동물도 있다.

· 목차

1___

인류에게
가장 사랑받는
미생물,
효모

인류사		미생물사

콜럼버스, 신대륙 발견 — **1492**

바바리아 군주, — **1516**
맥주순수령 포고

바바리아 군주, — **1553**
여름철 맥주
양조 금지 법령 포고

1680 — 효모 관찰

1755 — '이스트 yeast'
영어사전에 등재

프랑스 2월 혁명 — **1848**

나폴레옹 3세 즉위 — **1852**

1857 — 효모 발효 입증

1864 — 저온살균법 개발

병인양요 — **1866**

프로이센-프랑스 전쟁 — **1870**

독일, 양조공장에 — **1871**
냉장 시스템 도입

2011 — '합성 효모 2.0' 프로젝트 출범

2019 — 효모 합성 유전체 정보
초안 공개

고대 그리스 철학자 플라톤Plato은 맥주를 발명한 자는 현자라고 말했다고 한다. 미생물학의 관점에서 아전인수식으로 해석하면, 이 대철학자는 '효모'라는 미생물을 찬양하고 있다. 미생물은 인류가 지구에 출현하기 수십억 년 전에 이미 다양한 발효 기술을 터득했다. 이 작은 발효 장인들은 음식의 풍미를 돋우고 먹거리 저장을 도우면서 인류에게 다가왔다. 특히 신석기 농업혁명으로 시작된 밀과 보리의 재배는 특정 미생물, 즉 효모가 인류와 단짝이 되는 계기가 되었다. 무엇보다도 알코올성 발효 음료, 술이 인류 사회의 한 부분으로 자리 잡았기 때문이다. 술은 단순히 기분을 전환하는 음료를 넘어 인간 문화의 원동력이 되어 예술과 언어, 종교 등의 발전을 촉진했다고 여겨진다. 술을 미화하려는 의도는 전혀 없다. 발효를 둘러싸고 펼쳐지는 미생물과 인간의 욕망을 파헤쳐보려는 것뿐이다.

우연이 선물한 환상의 음료

인류가 술과 연분이 닿은 건 농경 생활 훨씬 이전으로 거슬러 올라간다. 당분 함량이 높은 과일은 조건만 맞으면 쉽게 발효된다. 알코올 발효를 수행하는 효모는 자연에 널려 있기 때문이다. 따라서 술은 인류가 탄생하기 전에 이미 존재했을 것이다. 실제로 술을 처음으로 빚은 건 사람이 아니라 원숭이라는 주장도 있다. 배부른 원숭이가 나중에 먹으려고 바위틈이나 나무 구멍에 감추어둔 과일이 자연 발효되어 술이 되었다는 설이다. 수렵 채집 시절에 과일을 찾아다니던 원시 인류도 우연히 '원숭이 술' 맛을 보았을 것이다. 그러고는 그 맛에 반해 계속 더 먹으려고 유사한 방식으로 과실주를 만들었을 것으로 보인다.[2]

그러나 본격적인 술 빚기는 신석기 시대로 접어들어 농경 생활을 하면서 시작된 것으로 간주한다. 땅을 일구기 시작하면서 숲에서 따 먹었던 과일보다 더 오래 보관할 수 있는 곡물을 넉넉히 생산할 수 있었기 때문이다. 정확히 알아낼 길 없는 곡주 빚기의 발로를 이렇게 상상해본다. '아껴서 남겨둔 보리죽을 먹으려는데 묘한 냄새가 난다. 그냥 버리기는 아까워 살짝 맛을 본다. 다행히 먹을 만하다. 그런데 먹을수록 기분이 묘해진다.'

알코올(에탄올)은 뇌에서 세로토닌과 도파민 같은 '행복 신경전달물질' 분비를 촉진한다. 그래서 술에 적당히 취하면 보통 기분이 좋아진다. 이제 술맛을 알게 된 신석기인은 '우연한 횡재'를 이어가려고 일부러 보리죽을 내버려 두었을 것이다. 설거지는 하지 않거나 대충 했을 테고, 오히려 이게 묘수로 작용했을 것이다. 그릇에 붙은 찌꺼기가 자연스레 발효종 역할을 하기 때문이다.

효모가 보리 녹말(전분)을 발효하기 위해서는 먼저 고분자 녹말이 저분자(쉽게 말해서 달콤한) 당류로 분해되어야 한다. 현재 맥주의 주원료인 맥아는 보통 보리를 발아시킨 다음 말려서 빻은 가루다. 여기에는 보리 녹말을 분해하여 포도당과 엿당 같은 달콤한 당으로 만드는 '아밀라아제'라는 효소가 들어 있다. 아밀라아제는 우리의 침 속에도 들어 있다. 밥을 씹을수록 단맛이 나는 이유가 여기에 있다. 그 옛날 먹다 남긴 보리죽에도 이 효소가 분명 들어 있었을 터다. 실제로 이런 추측에 신빙성을 더하는 석기 유물이 있다.

2018년 비옥한 초승달 지대 '나투프Natuf' 유적지에 있는 한 동굴에서 돌절구와 녹말 알갱이 등이 발견되었다. 그리고 이들의 물리적·화학적 특성을 조사해보니 맥아 제조와 발효의 흔적이 확인되었다. 연구진은 출토된 유물을 바탕으로 고대 술 빚기 과정을 흉내 내어 재현했다. 그 결과 발굴된 돌절구에 있던 것과 비슷한 녹말 알갱이가 만들어지는 것을 확인했다. 이에 따라 연구진은 수렵 채집에서 농경 정착 생활로 넘어가는 과도기를 살았던 나투프 사람들이 이 동굴에서 보리와 밀 따위를 짓이겨 끓여서 죽같이 만들었고, 여기에 야생 효모가 들어가 맥주 발효가 일어났다고 추정했다.[3] 이것이 사실이라면 술 빚기 기술을 이미 터득한 상태에서 농경을 시작하면서 본격적으로 주조酒造를 했다는 얘기가 된다.

와인에서 발견된 생명체

그 존재 자체를 전혀 모르는 채로 인류는 선사 시대부터 효모를 이용해 술과 빵을 만들어 먹었다. 그러다 1680년 네덜란드의 아마추어 과학자 안톤 판 레이우엔훅Anton van Leeuwenhoek이 자기가 직접 제작한 현미경을 사용하여 처음으로 효모를 관찰하고 기록했다. 그러나 그는 이것을 맥아 가루라고 생각했다. 1755년에 영국의 시인 겸 평론가인 새뮤얼 존슨Samuel Johnson은 영어사전을 펴내면서 '이스트yeast, 효모'를 수록했는데, '술을 만들고 빵을 부풀리기 위해 넣는 첨가물'이라고 정의했다. 그 당시에는 아무도 효모가 살아 있다고 믿지 않았다. 발효를 화학적 반응으로 이해하는 상태에서 당연히 효모는 발효에 필요한 화학물질 정도로 여겨졌다.

발효에 대한 잘못된 통념 깨기는 1848년 프랑스에서 시작된다. '2월 혁명'으로 프랑스에서 다시 한번 왕정이 무너지던 그해에 청년 화학도 루이 파스퇴르Louis Pasteur는 '결정학crystallography'의 권위자 밑에서 박사 과정을 밟고 있었다. 결정학이란 화합물 결정의 구조 및 물리적·화학적 성질을 연구하는 학문으로, 당시 화학의 첨단 분야로 떠오르고 있었다. 그는 주석산tartaric acid 결정을 관찰하다가 큰 발견에 이른다.

주석산을 한자로 풀어보면 '술酒에서 돌石처럼 만들어지는 산酸'이라는 뜻이다. 레드와인을 따르다 보면 병 밑바닥에 가라앉아 있는 결정 찌꺼기가 흔히 보이는데, 이것의 주성분이 주석산이다. 지저분해 보이지만 인체에는 해가 없는 발효의 부산물이다. 파스퇴르는 주석산에 두 가지 형태가 있다는 사실을 발견했다. 이 둘은 왼손과 오른손처럼 똑같은 모양이면서 마주 볼 때만 포개지는 입체 구조다. 거울 앞에 선 나와 거울 속에 있는 나의 관계이기에 이런 화합물을 '거울상mirror image'이라고 부른다.

후속 연구를 통해 파스퇴르는 새로운 사실 하나를 더 발견했다. 와인에 있는 주석산은 모두 같은 한 가지 거울상이라는 점이었다. 자연에서 발견되는 주석산은 보통 두 가지 거울상이 같은 비율로 섞여 있는데 말이다. 이런 연구 성과 덕분에 파스퇴르는 1849년 스물일곱이라는 젊은 나이에 스트라스부르대학교 화학과 교수로 임용되어 연구에 매진할 수 있었다. 연구를 진행하면서 파스퇴르는 와인에서 한 가지 형태의 주석산만 관찰되는 현상이 생명 활동의 증거라고 내심 생각했다.

1854년 파스퇴르는 프랑스 릴대학교 이학부장으로 임명되었다. 프랑스 북부 도시인 릴에서는 그 당시 양조를 중심으로 농산업이 지역 경제의 주축을 이루고 있었다. 1856년 어느 날 파스퇴르에게 양조업자 한 사람이 찾아왔다. 사탕무로 술을 만들어 팔던 그는 빚은 술이 종종 상해 시어진다는 애로사항을 토로하며 도움을 청했다.

파스퇴르는 현미경 관찰을 통해 온전한 술에는 동그란 입자들이 가득하지만 변질한 술에는 막대 모양의 입자들이 많이 섞여 있다는 사실을 발견했다. 이미 발효를 생물학적 반응으로 의심하고 있던 파스퇴르는 이 사건을 계기로 발효 연구에 빠져들게 되었다. 아내가 강박증 수준이라고 말할 정도로 파스퇴르는 연구에 몰두했고, 1857년 마침내 산소가 없는 상태에서 효모가 당분을 알코올로 발효한다는 논문을 발표하면서 효모의 참모습을 세상에 알렸다.[4] 그리고 몇 년 뒤 그는 와인이 시어지는 이유를 완전히 밝혀내는 데 성공했다.

와인이 상하는 것을 막아라

1860년에 이르러 와인의 변질은 프랑스 국가 차원의 이슈가 되었다. 그해 1월 15일, 나폴레옹 3세Napoleon III는 영국과 10년 기한의 자유무역협정 체결을 공표했다. 그 덕분에 영국으로 와인을 수출하는 양이 많이 늘어났다. 그런데 문제가 생겼다. 영국으로 가는 동안 와인 상당수가 상해 맛이 변하곤 했다. 급기야 황제는 파스퇴르에게 그 원인을 찾아 문제를 해결해달라고 부탁했다.

파스퇴르는 몇 해 전 사탕무 술에서 보았던 미생물을 떠올렸다. 그는 와인 맛이 변하는 것은 특정 미생물 때문일 거라 확신했다. 마침내 1864년 문제의 미생물이 '아세트산균'임을 밝혀냈다. 이 세균은 자연환경 곳곳에 존재하는데, 산소가 있는 상태에서 알코올을 아세트산으로 전환한다. 식초의 신맛을 내는 주인공인 아세트산은 초산이라고도 부르는데, 보통 식초에 3~5% 정도 들어 있다. 참고로 수분이 거의 없는 순수 아세트산은 16℃ 이하에서는 얼어서 고체가 된다. 그것이 바로 빙초산이다.

이제 와인을 상하게 하는 주범을 알아냈으니 그걸 제거하기만 하면 됐다. 푹 끓이는 게 제일 간단하고 확실한 방법이지만, 그렇게 하면 무알코올 와인을 팔아야 했다. 어떻게 하면 와인의 풍미를 해치지 않고 문제의 세균을 없앨 수 있을지 고민한 파스퇴르는 수많은 시도 끝에 마침내 그 방법을 찾아냈다. 와인을 60℃ 정도까지

어떻게 하면 와인의 풍미를 해치지 않고
문제의 세균을 없앨 수 있을지
고민한 파스퇴르는 수많은 시도 끝에
마침내 그 방법을 찾아냈다.

와인을
60℃ 정도까지 가열해서
30분가량 온도를 유지하는 것이다.

가열해서 30분가량 온도를 유지하는 것이다. 이 정도 열처리는 와인 맛에는 영향을 미치지 않지만, 상당수의 미생물에게는 치명적이다. 이로써 파스퇴르는 황제가 내린 임무를 완수함과 동시에 프랑스 와인의 수출길을 밝혔다. 나폴레옹 3세는 그의 공로를 치하하고 전폭적인 연구 지원을 약속했다.

나폴레옹 3세는 나폴레옹 1세나폴레옹 보나파르트의 동생, 루이 보나파르트Louis Napoleon Bonaparte의 아들이다. 본명은 샤를-루이 나폴레옹 보나파르트이고 줄여서 루이 나폴레옹이라고 부른다. 그의 아버지는 형 덕분에 네덜란드 왕이 되었지만, 많은 갈등 끝에 결국 형에 의해 1810년 왕좌에서 쫓겨났다. 당시 루이 나폴레옹은 두 살배기 아기였다.

그때부터 프랑스 정계에 화려하게 복귀하기 전까지 루이 나폴레옹은 인생 대부분을 망명 생활로 보냈다. 그런 탓에 그는 외국어에 능했지만 정작 모국어 발음에는 독일어 강세가 섞여 있었고 교양도 없어 보였다고 한다. 게다가 연설 실력도 좋지 않아서 대다수 기성 정치인은 그를 시답지 않게 여겼다.

그러나 그는 1848년 12월 대통령에 깜짝 당선되었다. 그의 야심은 여기서 그치지 않았다. 1851년 12월 2일 쿠데타를 일으켜 의회를 해산하고 새로운 헌법을 공포했다. 우연인지 의도인지, 그날은 47년 전 나폴레옹 1세의 황제 대관식이 있었던 날이었다. 정확히 1년 후 1852년 12월 2일, 대통령 루이 나폴레옹은 큰아버지가 그랬듯이 황제 나폴레옹 3세로 즉위했다.

복수의 맥주

혁명의 파도를 타고 대통령직에 올라 쿠데타로 제2공화정을 무너뜨리고 군주정(제2제정)을 부활시킨 나폴레옹 3세에 대한 평가는 엇갈린다. 긍정적으로 보는 역사가들은 그가 재위 기간(1852~1870) 동안 내치 면에서는 산업화와 근대화를 통해 국가의 부를 창출했고, 외치 면에서는 프랑스의 상품 시장 및 영향력의 확대를 꾀했다고 평가한다. 조선의 천주교 박해를 빌미로 1866년에 일으킨 병인양요도 그러한 대외정책의 일환이었다는 주장도 있다.[5]

나폴레옹 3세가 용트림하던 시기에 독일 지역에서는 프로이센의 주도로 조금씩 통일이 이뤄지고 있었다. 공교롭게도 이 지역은 나폴레옹 1세의 정복 전쟁으로 신성 로마 제국이 무너진 이후 여러 나라로 분할되었다. 프로이센의 재상 오토 폰 비스마르크Otto Eduard Leopold von Bismarck는 철혈 정책을 내세워 군비 확장을 강력하게 추진해나갔다. 실제로 프로이센은 1864년 영토 문제를 둘러싸고 덴마크와 전쟁을 벌여 승리한 데 이어, 1866년에는 오스트리아와의 전쟁에서도 승리해 북독일 연방을 창설했다. 그러고는 프랑스 침략 기회를 호시탐탐 노리고 있었는데, 때마침 기회가 될 만한 사건이 생겼다.

왕이 후사 없이 세상을 떠난 에스파냐에서 프로이센의 빌헬름 1세Wilhelm I에게 조카를 에스파냐의 왕으로 보내달라고 청탁했다. 프랑스로서는 에스파냐에 프로이센 출신 왕이 오면 영토상으로 프로이센 세력 사이에 샌드위치처럼 끼는 꼴이 될 것이었다. 프랑스는 프로이센의 왕 빌헬름 1세에게 절대 불가 입장을 피력했고, 빌헬름 1세도 이를 수용했다.

그런데 여기서 비스마르크가 전쟁 명분을 만들어냈다. 빌헬름 1세가 거절한 에스파냐의 요청을 독단적으로 수락한 것이다. 그 사실을 알게 된 프랑스는 즉시 대사를 보내서 빌헬름 1세에게 항의했다. 내막을 모르는 빌헬름 1세는 당연히 그런 일이 없다고 말했다. 이때 비스마르크가 또다시 술책을 부렸다. 프랑스 대사가 빌헬름 1세를 협박했고, 이에 격노한 빌헬름 1세가 프랑스의 요청을 거부했다는 거짓 소문을 퍼트린 것이다. 비스마르크의 계략은 성공했다. 두 나라 모두 상대국에 대한 감정이 급격히 나빠졌고, 급기야 1870년 7월 19일 나폴레옹 3세가 선전포고를 했다.

전쟁은 일방적으로 끝났다. 만반의 준비를 하고 있던 프로이센군은 개전 후 한 달 반만인 9월 2일에 프랑스군을 궤멸시키고 나폴레옹 3세를 포로로 잡기까지 했다. 이 비보가 전해지자 프랑스 국민은 파리에서 황제 폐위와 동시에 제3공화국 수립을 선포하고 결사 항전을 선언했다. 그러자 프로이센군은 파리를 포위하고 고립 전술을 펼쳤다. 시간은 프로이센 편이었다. 프랑스는 극심한 굶주림을 견디지 못하고 1871년 1월 28일 끝내 항복하고 말았다.[6]

파스퇴르의 나라 사랑은 이루 말할 수 없을 정도로 컸다. 프로이센과의 전쟁이 발발하자 파스퇴르는 쉰 살을 바라보는 나이에도 입대를 지원했다. 하지만 거부당했다. 그 이유는 나이가 아니라 1868년에 일으킨 뇌졸중 후유증으로 인한 신체장애였다. 파스퇴르의 간절한 바람과는 반대로 프랑스는 전쟁에서 패했고, 독일에 50억 프랑이라는 거액의 배상금에 더해 영토 일부까지 내주어야 했다. 알퐁스 도데Alphonse Daudet의 유명한 소설 《마지막 수업》에 나오는 알자스-로렌 지방이다. 이 지역은 프랑스 맥주에 들어가는 홉의 최대 생산지였다.

1871년 파스퇴르는 3년 전 프로이센의 본대학교에서 받은 의학박사 학위를 반납하며 "과학에는 국경이 없지만, 과학자에게는 조국이 있다"라는 유명한 말을 남겼다. 그리고 그동안 접어두었던 맥주 연구를 재개했다고 한다. 그 이유는 다름 아니라 프로이센, 즉 독일산보다 더 맛 좋은 맥주를 만들기 위해서였다. 당시 독일 맥주는 맛이 더 좋고 더 오래 보관할 수 있어서 중부 유럽 전역에서 현지 맥주를 압도하고 있었다. 파스퇴르는 이런 꼴을 두고 볼 수 없었다. 그래서 그는 세계 최고의 맥주를 개발해서 독일의 아성을 무너뜨리고자 했다. 파스퇴르는 끈질긴 연구 끝에 살균 관점에서 우

루이 파스퇴르

Louis Pasteur, 1822~1895

"과학에는 국경이 없지만,
과학자에게는 조국이 있다"라는
유명한 말을 남겼다.

월한 맥주를 만들어냈다. 맥주 양조에 최적인 저온살균 조건을 알아냈고, 열처리에 강한 효모도 개발했다. 그는 자신이 만든 맥주를 '복수의 맥주beer of revenge'라고 명명했다.[7] 하지만 안타깝게도 그의 발견은 맛이 나빠지는 것을 막았을 뿐 훌륭한 맛의 맥주를 만들어내지는 못한 것 같다.

1516년 바바리아Bavaria, 현재 독일의 바이에른주의 군주 빌헬름 4세Friedrich Wilhelm IV는 '맥주순수령'을 포고했다. 이에 따르면 물과 보리(맥아), 홉으로만 맥주를 만들어야 한다. 최고最古의 맥주 제조 규제법이 오늘날 독일 맥주의 명성을 가능케 했다고 세간에 알려져 있다. 하지만 이 법을 만든 목적은 맥주의 순수성 보존보다는 빵을 만드는 귀한 식량인 밀을 사용해 밀맥주를 제조하는 것을 막으려는 데 있었다. 게다가 맥주순수령 제정 당시에는 효모의 존재와 중요성에 대해서는 백지상태였으므로 정작 발효의 주인공은 순수령에서 빠져 있었다. 하지만 파스퇴르의 발효 연구 성과가 알려지자 순수령에 효모가 추가되었다.[8] 큰 틀에서 보면 독일 맥주를 잡겠다던 파스퇴르의 집념이 어느 정도 빛을 발했다고 할 수 있다. 여기에 더해 우리가 현재 편의점에서 만나는 세계 맥주 시리즈는 파스퇴르의 저온살균법 없이는 존재할 수 없었을 테니, 그의 발견은 대단한 것이라 하겠다.

세상에서 가장 작은 마이크로 가축

들판을 누비던 동물과 인간이 동거를 시작한 건 최소 1만 5,000년 전쯤으로 보고 있다. 첫 상대는 살가운(?) 늑대였다. 인간의 영역에 들어와 주거와 배고픔을 해결하고, 그 대가로 인간을 보호하며 사냥을 도왔다. 이 둘 사이의 유대감은 나날이 커졌다. 절친 동물, 개의 탄생 과정을 추정하는 가설의 핵심 내용이다. 그 후로 수천 년에 걸쳐 인간은 들짐승을 주도적으로 길들여 일을 시키고 식량으로 사용하는 방법을 터득했다. 그런데 살가운 늑대가 처음으로 인간의 영역에 들어온 방식보다 훨씬 더 은밀하게 인류의 품속으로 먼저 들어온 아주 작은 동물이 있다. 바로 '극미동물animalcule'이다. 극미동물이란 17세기 중반에 미생물을 인류 최초로 관찰한 레이우엔훅이 만든 말이다. 작은 것이 꼬물꼬물 움직인다고 해서 '동물animal'에 '작다'를 뜻하는 접미사 '큘-cule'을 덧붙였다.

미생물의 일종인 효모는 곰팡이(진균) 족속이지만 팡이실(균사)을 만들지 않고 단세포로 살아간다. 효모 세포는 달걀 모양으로 보통 폭이 $3\mu m$, 길이가 $10\mu m$ 정도다. 효모는 산소가 없으면 식성이 까다로워져 포도당과 설탕과 같이 달콤한 당류를 골라 먹는다. 발효한다는 말이다. 전통 발효는 보통 단 한 종, '사카로미세스 세레비시에Saccharomyces cerevisiae'가 담당한다. 이 학명은 각각 당saccharo과 곰팡이myces, 맥주cerevisiae를 뜻하는 라틴어를 조합한 것이다. 그래서 흔히 '맥주 효모' 또는 '양조 효모'라 불린다. 하지만 이 효모는 빵 발효도 수행하니 '빵 효모'라 불러도 무방하다. 줄리엣이 로미오에게 건넨 "장미를 다른 이름으로 불러도 향기는 마찬가지"라는 말대로 이름이 무슨 대수랴.

오늘날 사카로미세스 세레비시에는 미생물계의 스타로 등극했다. 양조 효모는 세계적으로 연간 약 60만t6,000억g 이상 생산되고 있다. 효모 1g을 만들려면 약 200억 개의 세포가 있어야 하니까, 연간 효모 생산량을 세포 수로 계산하면 어림잡아 120해다. 해는 조의 1억 배인 수로 120 뒤에 아라비아 숫자 0을 자그마치 20개나 더 붙여야 한다. 이 수많은 효모는 지구촌 곳곳에서 맥주와 와인, 빵 등 다양한 발효의 산물을 선사하며 글로벌 팬덤에 보답한다.

양조 효모는 발효 과정에서 탄산가스(이산화탄소)를 만든다. 이 때문에 맥주 거품이 생기고 빵 반죽이 부풀어 오른다. 오늘날 사카로미세스 세레비시에는 효모의 동의어가 되다시피 했다. 하지만 자연환경에는 다양한 종류의 효모가 살고 있고, 지금까지 1,500종 넘게 확인되었다. 놀랍게도 이 가운데 약 절반에는 양조 효모와 같은 발효 능력이 없다. 더욱 놀라운 것은 양조 효모를 자연환경에서는 거의 찾아볼 수 없다는 사실이다.

보통 과수의 잎과 열매에 사카로미세스 계통의 효모는 많이 있다. 예컨대 포도 같은 과일에 하얀 가루처럼 덮여 있는 게 대부분 효모 세포다. 하지만 이들 야생 효모는 사카로미세스 세레비시에

와는 아주 다르다. 무엇보다도 야생 효모는 에탄올 함량이 5%가 넘는 환경에서는 살지 못한다. 반면 양조 효모에게 에탄올 10% 정도는 기본이다. 이들은 야생종보다 당을 엄청나게 잘 먹고 그만큼 많은 에탄올을 만들어낸다. 오랫동안 인공 발효 환경에 최적화된, 말하자면 인간에게 철저하게 길든 '마이크로 가축'이기 때문이다.

전통 발효는 '백슬로핑backslopping' 방식으로 진행된다. 백슬로핑이란 씨간장처럼 앞서 사용한 발효액을 조금 남겨 그다음 발효에 첨가하는 것을 말한다. 이런 과정이 반복될수록 양조 효모는 주어진 조건에 점점 더 맞추어 변해간다. 선택적 교배를 통해 동식물 길들이기(육종)를 했다면, 양조 효모는 발효 조건을 달리하면서 길들어 왔다는 얘기다. 그러므로 현재 맥주와 와인 양조업계를 지배하고 있는 사카로미세스 세레비시에 가문 내에 여러 종파가 존재한다는 사실은 전혀 놀랍지 않다.

같은 조상의 후손인 맥주 효모와 와인 효모는 아주 데면데면한 사이가 되어버렸다. 우선 맥주 효모는 보리에서 나온 올리고당 분해가 주특기고, 와인 효모는 포도나무에 뿌리는 살균제 '보르도액 Bordeaux mixture, 1800년대 후반 프랑스 보르도 지역에서 포도 노균병을 막기 위해 개발된 살균제로 황산구리와 생석회를 섞어 물에 녹인 용액'과 방부제인 아황산염 따위를 잘 견뎌낸다. 또한 맥주 효모는 인간이 만들어준 발효 환경을 벗어나면 맥을 못 추지만, 와인 효모는 상대적으로 강한 스트레스 내성과 함께 정 힘들어지면 포자를 만들어 휴면 상태에 돌입하는 능력도 지니고 있다. 늘 발효기 안에서 사는 맥주 효모와 달리 와인 효모는 보통 1년에 한 번 발효에 집중하고 나머지 기간에는 비교적 자유로운 삶을 살기 때문에 야생성을 덜 잃어버린 것으로 보인다.

후발주자 라거는 어떻게 1위가 되었나

요즘 마트에 가면 매우 다양한 종류의 맥주를 만나게 된다. 일반적으로 맥주는 두 가지, '에일ale'과 '라거lager'로 나뉜다. 사카로미세스 세레비시에의 작품인 에일은 이미 중세부터 유럽인의 갈증을 풀어주며 맥주의 대명사 지위를 누려왔다. 반면 라거는 16세기에 바바리아 지방에서 시작된 후발 주자다. 그런데 지금은 처지가 뒤바뀌었다. 전 세계에서 가장 많이 팔리는 맥주는 라거다.

라거 효모는 '사카로미세스 파스토리아누스Saccharomyces pastorianus'라는 신흥 가문 출신이다. 맥주 발효의 터줏대감인 에일 효모는 상온에서 발효하는 반면, 라거 효모는 10℃ 이하에서 일한다. 그 결과 에일의 발효는 보통 일주일 안에 끝나지만, 라거는 몇 주에 걸쳐서 발효된다. 앞서 말한 대로 효모는 발효 과정에서 탄산가스를 만들고, 이 때문에 맥주 거품이 생긴다. 탄산가스 발생량은 발효 속도에 비례하기 때문에 에일 발효에서는 가스와 함께 효모가 떠오르고, 반대로 라거 발효에서는 효모가 상대적으로 가라앉는 경향이 나타난다. 이런 연유로 에일과 라거를 각각 '상면 발효', '하면 발효' 맥주라고 부르기도 한다.

아직 효모의 존재 따위는 모르던 시절이었지만 바바리아 사람들의 입맛은 숨은 진실을 감지했다. 여름에 양조한 맥주와 겨울에 양조한 맥주는 그 맛이 확연히 달랐다. 여름에 빚은 맥주는 고온에서 발효하는 효모가 작용한 에일이었고, 겨울에 빚은 맥주는 저온에 발효하는 효모가 작용한 라거였다. 겨울 맥주는 깔끔한 맛을 가지고 있고, (흔히 광고에서 "캬~"라는 감탄사로 표현하는) 목 넘김이 시원한 데다 겨울에 변질도 잘 안 되어서 오랫동안 보관하며 즐길 수 있었다. 이에 마침내 1553년, 바바리아 군주는 여름(4월 23일~9월 29일)에는 맥주 양조를 금지하는 법령을 포고했다. 이제 바바리아에서는 추위에 약한 에일 효모는 설 자리를 잃었고 추위를 즐기는 라거 효모는 물 만난 고기가 되었다. 한참 뒤 19세기에 등장한 냉장고는 라거 양조를 1년 내내 가능케 했다. 이런 특혜를 등에 업고 라거는 전 세계로 빠르게 퍼져나갔다.

유전자 분석 결과 라거 효모는 유럽 토종 에일 효모와 추위를 별로 타지 않는 외래 효모 사이에서 생겨난 혼종으로 밝혀졌다. 그렇다면 이 작은 이방인(?)은 어디서 어떻게 왔을까? 2011년 이방 효모의 고향이 아르헨티나 남부의 고원 파타고니아라고 주장하는 논문이 발표되었다.[9] 그 연구진에 따르면 이 효모는 대서양을 가로질

에일과 라거의 차이

일반적으로 맥주는 두 가지,
'에일'과 '라거'로 나뉜다.
에일 효모는 상온에서 발효하는 반면,
라거 효모는 10℃ 이하에서 일한다.

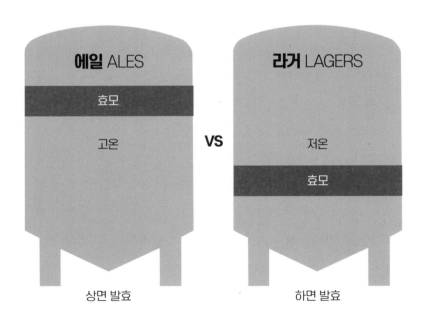

상면 발효 / 하면 발효

러 유럽과 아메리카 대륙을 오가던 선박에 무임승차했다고 한다. 이런 여행길은 크리스토퍼 콜럼버스Christopher Columbus가 신대륙을 처음으로 발견한 1492년 이후에 생겨났다. 여기서 문제는 라거 효모가 이미 1400년대 초반에 바바리아 지방에 존재했음이 거의 확실하다는 점이다. 2016년에는 티베트 고원에도 같은 종의 효모가 살고 있다는 사실이 발견되면서 실크로드를 통한 아시아 유래설이 제기되었다.[10] 어디서 어떻게 왔든 중요한 건 인간이 이방 효모와 사카로미세스 세레비시에가 교류할 수 있는 만남의 장, 즉 맥주 발효통을 마련하지 않았다면 라거 효모가 애당초 탄생할 수 없었다는 사실이다.

새로운 스타 효모의 탄생

현대 발효 산업에서는 백슬로핑 방식을 더는 사용하지 않을뿐더러 철저한 위생 관리로 다른 미생물 유입을 봉쇄한다. 발효는 기능성과 안정성이 검증된 미생물 씨균 배양액 '스타터starter'를 접종하는 것으로 시작된다. 이렇게 함으로써 일관성 있는 품질 관리가 가능해진다. 이제 발효업계에 전통적인 효모 길들이기는 없다. 그 대신 축적된 유전체 정보와 '합성 생물학synthetic biology'이라는 첨단 바이오 기술을 동원하여 실험실에서 더 섬세하게 효모를 개발한다. 이 기술의 핵심은 생명체의 유전정보가 담긴 유전자DNA 전체를 설계하고 합성하는 것이다.

사카로미세스 세레비시에는 식품 발효에 쓰일 뿐만 아니라 재조합한 유전자를 주입하여 고부가가치 화합물을 생산하는 세포공장으로도 이용되고 있는 산업 일꾼이다. 2011년 이 유용한 미생물의 유전정보 전체, 즉 유전체의 합성을 1차 목표로 '합성 효모 2.0 Synthetic Yeast 2.0' 프로젝트가 출범했다. 그리고 2019년 11월, 합성한 유전체 정보 초안이 공개되었다. 이 프로젝트가 완료되면 효모를 비롯한 생명체를 더 체계적으로 이해하고, 이를 바탕으로 맞춤형 효모를 설계 및 제작할 수 있을 것으로 기대하고 있다.

상한 과일과 보리죽에서 신묘한 맛을 보고 무작정 효모를 길들여온 인류가 효모를 원하는 대로 만드는 경지에 오르는 건 시간문제다. 그것이 과학의 힘이다. 그런데 여기서 문득 정작 양조 효모는 황망할 것 같다는 생각이 든다. 자자손손 대를 이어가며 살던 터전을 한순간에 잃어버리고 유전자 성형을 당하는 지경에 이르렀으니 말이다. 하지만 미생물 전체의 관점에서 보면 이런 변화가 나쁘지는 않다. 본디 싫증을 잘 느끼고 새로움을 좇는 인간이 색다른 발효 미생물을 찾아 나서고 있기 때문이다. 그동안 일부 스타 미생물의 그늘에 가려져 있던 무명 실력자들에게 희망의 빛이 밝혀진 것이다. 요사이 부쩍 눈에 띄는 '천연 발효'라는 문구가 이들의 데뷔를 실증한다. 엄밀히 말하면 천연 발효라는 말은 오해의 소지가 있다. 내막을 들여다보니 보통 시중에서 구매한 효모가 아니라 야생 발효 미생물이 묻어 있는 식자재로 자체 발효종을 만들어 발효를 진행한다는 말이다. 그렇다면 '야생 발효' 또는 '전통 발효'가 더 정확한 표현일 것이다.

어쨌든 이제 미생물은 꽃놀이패를 쥔 셈이다. 글로벌 스타에 이어 여러 지역 스타를 배출할 호기를 잡았으니 말이다. 역지사지하다 보니 문득 이런 생각이 든다. 우리가 미생물을 길들여서 부리는 게 아니라, 미생물이 발효라는 당근으로 우리를 부리고 있는 건 아닐까?

2___

감염병 주범
정보를 흘린
스파이,
포도상구균과
콜레라균

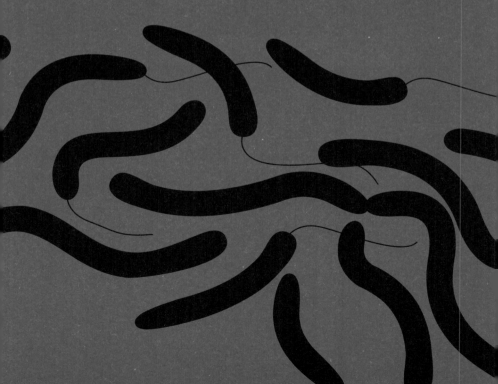

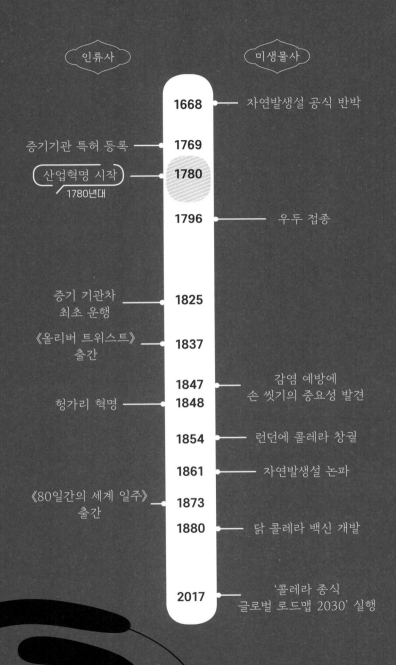

인류사		미생물사
	1668	자연발생설 공식 반박
증기기관 특허 등록	**1769**	
산업혁명 시작 1780년대	**1780**	
	1796	우두 접종
증기 기관차 최초 운행	**1825**	
《올리버 트위스트》 출간	**1837**	
	1847	감염 예방에 손 씻기의 중요성 발견
헝가리 혁명	**1848**	
	1854	런던에 콜레라 창궐
	1861	자연발생설 논파
《80일간의 세계 일주》 출간	**1873**	
	1880	닭 콜레라 백신 개발
	2017	'콜레라 종식 글로벌 로드맵 2030' 실행

　1857년 와인 발효의 주인공을 세상에 데뷔시킨 직후 파스퇴르는 파리 고등사범학교 이학부장으로 자리를 옮긴다. 이제 파스퇴르는 소위 '자연발생설'이라는, 지금 들으면 터무니없는 주장을 반박하고 나선다. 고대 그리스 시절부터 면면히 이어져 온 이 가설에 따르면 물질에 '생명력vital force'이라는 신비한 힘이 들어가서 살아 있는 생명체가 저절로 만들어진다. 황당무계하기 그지없다. 그런데 그 당시에는 거의 모든 사람이 이 말을 그대로 믿었다. 쌓아둔 퇴비에서 파리가 나오고 썩어가는 동물의 사체에서 구더기가 꾸물꾸물 기어 나오는 것을 나름의 증거로 생각하고서 말이다. 너무나 간단히 반박할 수 있을 것만 같은 이 가설을 뒤집는 데는 생각보다 오랜 세월이 걸렸다.

고깃국을 둘러싼 200년 된 논쟁

과학혁명이 진행되면서 17세기부터 자연발생설을 의심하는 사람이 늘어났다. 공식적으로 처음 문제를 제기한 사람은 이탈리아 의사 프란체스코 레디Francesco Redi였다. 1668년 레디는 고기가 담긴 그릇을 가제로 덮어두면 구더기가 생기지 않는다는 실험 결과를 보여주었다. 이것은 생물이 저절로 생겨난다는 오랜 신념에 심각한 타격을 주었다. 그러나 많은 이들이 극미동물(미생물)처럼 단순한 생명체는 저절로 생겨난다고 여전히 확신했다.

1745년 존 니덤John Needham이라는 영국의 박물학자는 고깃국을 끓인 뒤 용기에 담아 뚜껑을 덮어두었다. 며칠 뒤 상한 국물에서 미생물을 관찰한 그는 이를 자연발생설의 증거로 제시했다. 20년 후 이탈리아의 라차로 스팔란차니Lazzaro Spallanzani는 니덤이 국물을 끓인 다음에 공기를 통해 미생물이 들어갔을 거라고 지적했다. 스팔란차니는 고깃국이 든 용기를 밀봉하고 끓이면 미생물이 생기지 않는다는 것을 보여주었다. 이에 대해 니덤은 가열 과정에서 생명력이 파괴되는데, 밀봉을 했기 때문에 공기에서 보충되지 않아 자연발생이 일어나지 않았을 뿐이라고 반박했다.

어느덧 한 세기가 지나고 드디어 파스퇴르가 나섰다. 그가 보기에 자연발생설은 분명 잘못된 것이었다. 이를 논파할 실험 방법을 골몰히 구상해보니, 공기는 자유롭게 들어가고 거기에 있는 미생

파스퇴르는 간단하지만 기발한 기구,
일명 '백조목 플라스크'로
마침내 자연발생설을 완전히 폐기했다.
1861년의 일이었다.

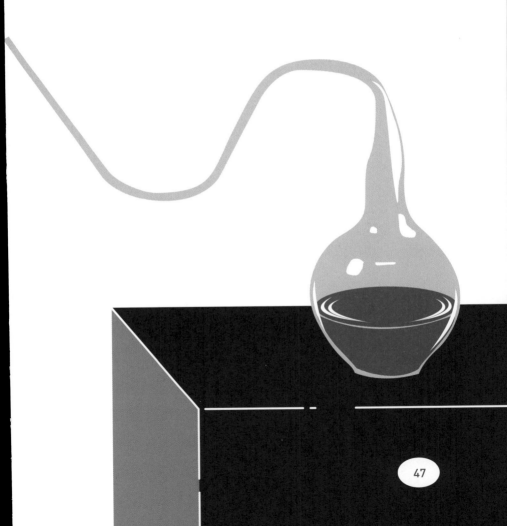

물은 차단하는 게 관건이었다. 어떻게 해야 할지 생각에 생각을 거듭한 끝에 기발한 아이디어를 떠올렸다.

목이 기다란 플라스크에다가 고깃국을 담고, 플라스크 목에 열을 가해서 S자 모양으로 구부렸다. 그 플라스크를 불에 올려 펄펄 끓인 다음 불을 끄고 그냥 놔두었다. 입구가 열려 있으니 공기는 자연스럽게 들어가고, 물론 그 속에 있는 미생물도 함께 진입했다. 공기는 플라스크 안쪽까지 골고루 퍼지지만, 미생물은 구부러진 플라스크 목의 아랫부분에서 멈춘다. 중력을 거슬러 올라갈 수 없기 때문이다. 그러니까 이런 상태에서는 아무리 시간이 지나도 고깃국이 절대로 썩지 않는다. 파스퇴르는 간단하지만 기발한 기구, 일명 '백조목 플라스크'로 마침내 자연발생설을 완전히 폐기했다. 1861년의 일이었다.

두 병동의 사망률 미스터리

19세기 중반부터 유럽 전역에 산부인과(분만) 병원이 설립되었다. 그 당시 급증하던 사생아를 대상으로 한 유아 살해 문제를 해결하기 위한 노력의 일환이었다. 보통 이런 병원은 의료 서비스를 무료로 제공했기 때문에 매춘부를 비롯한 소외계층 여성들에게 큰 도움이 되었다. 병원에도 의료 봉사를 통한 보람과 함께 의대생과 산파의 임상 교육 기회가 늘어나는 부가적인 효과가 있었다. 이 무렵 오스트리아 빈 종합병원에는 두 개의 산부인과 병동이 있었다. 그런데 이상하게도 제1병동의 산욕열 평균 사망률이 제2병동보다 두 배 이상(10% 대 4%) 높았다.

산욕열이란 분만 과정에서 생긴 상처를 통해 미생물이 들어가 생기는 감염병으로, 심하면 패혈증^{미생물이 혈액으로 들어가 온몸을 순환하며 발열과 함께 염증을 일으키는 병}으로 이어져 생명을 위협한다. 병명 그대로 출산 후 몸에 열이 나는 게 중요한 증상이다. 정상분만 이후로 열흘 동안 매일 네 번 이상 구강 체온을 재어, 첫날을 제외하고 하루에 두 번 이상 38℃가 넘으면 산욕열로 판단한다. 첫 24시간을 열외로 하는 이유는 분만 직후에는 나왔던 피가 자궁이나 상처에 흡수되면서 신체 변화가 많아 염증 없이도 열이 나는 산모가 많기 때문이다. 과거에는 산욕열이 산모에게 아주 치명적이었다. 항생제 덕분에 요즘에는 그 위험성이 많이 감소했지만 여전히 주의해야 하는 감염병이다.

산욕열을 일으키는 미생물은 한 종류가 아니다. 포도상구균과 연쇄상구균이 주요 원인균이지만, 대장균과 기타 잡균도 발병 원인이 된다. 현미경으로 관찰하면 포도송이처럼 보이는 포도상구균은 보통 사람의 피부에 사는 미생물의 90% 정도를 차지한다. 다행히 피부에는 현재 알려진 40여 종 가운데 착한 종인 '표피포도상구균'이 주로 살고 있다. 그런데 호시탐탐 피부 침략의 기회를 노리고 있는 나쁜 포도상구균이 있다. 여름철 식중독 뉴스에 단골로 등장하는 '황색포도상구균'이다.

유감스럽게도 얼추 다섯 명 중 한 명의 콧속에는 황색포도상구균이 상주하는 것으로 드러났다. 나머지 대다수 사람의 몸에는 간혹 있다가 사라지기를 반복하거나 전혀 없기도 하다. 이런 차이는 개개인의 면역계가 지닌 특이성 때문으로 보인다. 문제는 이 불한당이 영역을 확장하려고 술수를 부린다는 것이다. 물론 우리 면역계가 이를 가만두지는 않는다. 이들이 경거망동하지 못하게 항생물질을 분비한다. 하지만 이것만으로는 역부족이다. 다행히 착한 표피포도상구균이 큰 힘을 보태준다. 황색포도상구균은 피부에 자리를 잡으려고 접착제 단백질을 분비하는데, 표피포도상구균은 단백질 분해효소로 응수해 이를 제거하고 항생물질도 내보낸다. 자기 집을 지키려는 노력인데, 이 덕분에 자연스레 우리 건강도 보호받는다.

황색포도상구균이 피부에 있을 때는 보통 별문제를 일으키지 않는다. 하지만 피부의 상처로 들어가면 얘기가 달라진다. 이건 착한 표피포도상구균도 마찬가지다. 미생물은 주어진 환경에서 최대한 잘 먹고 잘살려고 애쓴다. 촉촉하고 양분이 많은 살 속은 포도상구균을 비롯한 미생물이 성장하기 아주 좋은 환경이다. 문제는 미생물의 성장이 우리에게는 감염이라는 사실이다. 따라서 유익한 미생물도 잘못된 시간에 잘못된 장소에 있으면 모두 감염병을 일으킬 수 있다.

여기서 미생물학 용어 몇 개를 정리할 필요가 있다. 감염병과 전염병을 혼용하는 경우를 종종 본다. 전염은 '병이 남에게 옮음'이고, 감염은 '병원체가 우리 몸 안에 들어가 증식하는 상태'를 말한다. 그리고 감염의 결과로 생기는 건강 이상을 감염병이라고 한다. 감염이 반드시 감염병으로 이어지는 것은 아니다. 코로나19 사태를 겪으며 귀에 익은 '무증상 감염'이 이런 사실을 잘 보여준다. 정리해보면 전염병이란 사람과 사람 사이에 병원체가 이동해 생기는 병이고, 감염병은 사람과 사람 사이의 전파뿐만 아니라 공기나 흙, 곤충 등 사람 이외의 전파원에서 병원균이 옮아와 발병하는 것까지 이른다.

우리 정부는 2010년 12월 30일부터 '감염병 예방 및 관리에 관한 법률'을 시행함으로써 전염병이라는 용어를 감염병에 통합시켰다. 이는 전염성 질환과 함께 사람들 사이에 전파되지 않는 비전염성 감염병까지 감시 및 관리 대상에 포함하기 위해서다. 기생충을 제외하면 병원체는 모두 미생물이다. 앞서 언급한 대로 맨눈에 보이지는 않지만 미생물은 우리를 늘 에워싸고 있다. 예컨대, 우리가 숨을 쉴 때마다 줄잡아 1만 마리 정도의 미생물(주로 세균)이 허파로 들어온다. 그런데도 우리에게 별문제가 없는 까닭은 면역계의 방어 능력 덕분이다. 하지만 면역 기능이 약해지면 병원성이 없는 미생물도 감염을 일으킬 수 있다. 이를 '기회감염'이라고 부른다.

손 씻기를 권하다가 쫓겨난 의사

빈 종합병원 제1병동의 사망률이 제2병동보다 훨씬 높다는 사실이 외부에 알려지자 출산을 앞둔 임산부들이 제2병동으로 몰렸다. 심지어 문제의 병원에 가지 않으려고 응급 상황을 가장해 일부러 길거리에서 출산하는 사례도 있었다. 병원에서 출산하지 않아도 일정 자격만 되면 출산 후에 보살핌을 받을 수 있었기 때문이다. 그런데 한 젊은 의사가 이상한 점을 발견했다. 길거리에서 출산하는 여성에게는 산욕열이 발생하는 경우가 오히려 드물었다.

헝가리 출신 의사 이그나즈 제멜바이스Ignaz Semmelweis는 1844년에 의대를 졸업하고 1846년 7월부터 빈 종합병원에서 근무하고 있었다. 그는 모든 가능성을 늘어놓고 하나씩 제거해나갔다. 우선 제2병동이 훨씬 더 붐볐기 때문에 과밀은 원인이 될 수 없었다. 의료시설이나 치료 방법도 두 병동이 별반 다르지 않았다. 유일한 차이라면 사람이었다. 제1병동에서는 의대생 실습 교육이 진행되고 있던 반면, 제2병동에서는 산파 교육만 이루어지고 있었다.

1847년 비극적인 사건이 돌파구를 만들어주었다. 어느 날 제멜바이스와 절친한 의사가 부검에 사용한 메스에 손가락을 찔리는 사고를 당했다. 그리 큰 부상이 아니었음에도 그 동료는 이를 회복하지 못하고 끝내 유명을 달리하고 말았다. 그런데 동료의 부검 결과 이상하게도 산욕열로 사망한 여성들과 유사한 병리학적 소견이 나왔다.

제멜바이스는 시신과 산욕열이 연관되어 있음을 직감했다. 그는 부검실을 드나드는 의료진이 시신에서 무언가를 손에 묻혀서 옮겼다고 잠정적인 결론을 내렸다. 산파 교육 과정에는 시신 해부가 없었다. 곧이어 그는 시신을 다룬 후에는 염화석회액으로 손을 씻고 진료하자는 제안을 했다. 염화석회액은 오늘날 가정에서 사용하는 염소 표백제라고 생각해도 무방하다. 제멜바이스는 시체 냄새 제거에 효과가 좋은 이 용액이 모종의 독성 물질도 파괴할 것으로 생각했다.

손 씻기의 효과는 즉시 나타났다. 1847년 4월 18.3%였던 제1병동 사망률이 5월 중순부터 손 소독을 시행하자 6월에는 2.2%, 7월 1.2%, 8월 1.9%로 10분의 1 수준으로 떨어졌다. 이에 제멜바이스는 의사들에게 수술은 물론이고 환자를 치료하기 전에는 반드시 손을 깨끗이 잘 씻으라고 더욱 역설했다. 손 씻기가 개인위생의 기본임을 잘 알고 있는 요즘 우리에게는 지극히 당연한 일이다. 하지만 미생물 감염을 까맣게 몰라서 개인위생이나 소독에 대한 개념 따위가 아예 없던 저 시절 사람들은 달라도 너무 달랐다. 어처구

산욕열로 인한 월별 사망률(1841~1849)

손 씻기의 효과는 즉시 나타났다.
1847년 4월 18.3%였던 제1병동 사망률이
5월 중순부터 손 소독을 시행하자
6월에는 2.2%, 7월 1.2%, 8월 1.9%로
10분의 1 수준으로 떨어졌다.

니가 없다 못해 분통이 터지는 상황이 벌어졌다. 제멜바이스가 박수를 받기는커녕 조롱과 왕따를 당하고 병원에서 쫓겨나다시피 한 것이다.

산욕열을 없앤 의사의 고독한 싸움

19세기까지도 고대 그리스 시절부터 내려오던 '4체액설'이 주요 의학 원리로 여전히 영향력을 발휘하고 있었다. 이 주장대로라면 네 가지 체액(혈액, 점액, 검은 담즙, 노란 담즙)이 우리 몸을 이루는 요소이며, 이들의 균형과 조화에 따라 건강 상태가 결정된다. 실제로 19세기에도 질병의 치료나 증상 완화를 목적으로 환자의 피를 뽑는 사혈瀉血이 행해졌는데, 피를 너무 많이 쏟아 목숨을 잃는 일도 있었다.

그뿐만 아니라 당시 사람들은 감염병의 원인으로 '미아즈마 miasma'를 지목했다. 미아즈마란 '나쁜 공기'라는 뜻으로 결국 사체나 배설물 따위가 썩을 때 나오는 악취가 병을 일으킨다는 말이다. 산욕열의 원인 또한 미아즈마라고 생각했기 때문에 손 씻기와 산욕열은 아무 상관이 없다는 게 당시의 중론이었다. 게다가 일부 의사는 자신의 손이 더러울 수 있다는 생각 자체를 불쾌하게 여겼다.

참으로 어이없게도 이런 비과학적 고정 관념이 제멜바이스의 세심한 관찰과 이에 대한 올바른 해석을 뭉개버렸다.

유럽에서 1848년은 혁명의 해였다. 이탈리아에서 시작된 민중봉기가 프랑스와 독일, 오스트리아 등으로 번져갔다. 1848년 3월 13일 빈에서 의대생과 젊은 교수들의 주도로 시위가 일어났다. 여기에 인근 지역 노동자들이 가세하면서 이틀 후에는 오스트리아 합스부르크 제국으로부터 독립을 외치는 '1848년 헝가리 혁명'으로 이어졌다. 공교롭게도 이러한 정치·사회적 혼란이 제멜바이스의 의사 생활을 더욱 힘들게 했다.

제멜바이스가 1848년 헝가리 독립운동에 적극적으로 가담했다는 증거는 없다. 다만 그의 형제들이 처벌된 것으로 보아 제멜바이스도 동조했을 거라 짐작은 된다. 빈 병원에는 보수적인 오스트리아 출신 의사들이 있었는데, 이들은 1848년 헝가리 혁명에 거부감과 위기감을 드러냈다. 이런 불편한 심기 탓에 제멜바이스에 대한 불신과 반감이 더 커졌다. 결국 미운 오리 새끼 제멜바이스는 빈을 떠나 낙향했다.[11]

1851년 제멜바이스는 부다페스트 동부 지역 페슈트에 소재한 작은 병원의 산부인과 병동에 명목상 책임자로 부임했다. 그때 그 병원에는 산욕열이 만연해 있었다. 제멜바이스는 사실상 그 병을 없앴다. 1851년부터 1855년까지 총 933명이 출산했는데, 이 가운데 산욕열 희생자는 여덟 명이었다(0.85%). 이토록 놀라운 성과를 보고도 부다페스트의 다른 의사들은 제멜바이스의 충언에 귀를 기울이지 않았다. 제멜바이스가 얼마나 답답하고 힘들었을까?

그래도 제멜바이스는 굴하지 않고 묵묵히 자기 길을 걸었다. 1858년과 1860년에 두 편의 논문을 발표한 데 이어, 마침내 1861년 《산욕열의 원인, 이해, 예방Die Atiologie, der Begriff und die Prophylaxis des Kindbettfiebers》이라는 책을 출판했다. 여기서 그는 산욕열로 수많은 희생자가 나오는데도 자기 생각이 제대로 받아들여지지 않는 현실을 한탄했다. 파스퇴르가 자연발생설을 역사의 뒤안길로 보내버린 바로 그해의 일이다.

수상한 죽음과 뒤늦은 스포트라이트

저서 출간 직후부터 제멜바이스의 인생에 먹구름이 더욱 짙어지기 시작했다. 심한 우울증으로 넋을 놓기 일쑤였고, 누구와 무슨 얘기를 하든 항상 산욕열로 화제를 바꾸었다. 1865년 제멜바이스는 정신병원에 들어갔고 보름 후인 8월 13일, 47세의 나이로 고독했던 생을 마감했다. 입원 과정과 짧은 병원 생활은 흡사 한 편의 미스터리 영화 같다.

1865년 7월 29일 토요일 저녁, 제멜바이스는 아내와 젖먹이 딸,

제멜바이스를 기리는 독일 우표

제멜바이스가
세상을 떠나고 10여 년이 지나
이른바 '미생물 병원설germ theory'이 입증되면서
그의 명예가 회복되고 공로가 재조명받았다.

처삼촌, 그리고 조수 한 명을 데리고 온천 여행을 떠났다. 밤 열차로 부다페스트를 떠나 일요일 아침 빈에 도착한 일행은 제멜바이스의 친구이자 전 동료 의사를 만났다. 그 친구는 미리 짜둔 계획에 따라 제멜바이스에게 잠시 어디에(자기가 운영하는 요양원이라고 꾸며냈다고 알려져 있음) 가자고 했다. 다른 일행은 자기 집에 머무르게 한 뒤, 그 친구는 제멜바이스의 처삼촌과 함께 제멜바이스를 빈에 있는 한 정신병원으로 데려갔다. 왜 거기를 택했는지는 알 수 없지만, 빈에서 제일 좋은 병원은 절대 아니었다. 제멜바이스가 입원할 때 문진 또는 검사를 했다는 증거도 없다. 정작 환자의 정신건강 상태를 확인해보려는 시도 자체가 없었다는 것이 거의 확실하다.

입원 바로 다음 날, 남편을 보고자 아침 일찍 병원에 달려온 아내가 마주한 건 그리던 얼굴이 아니라 면회 불가라는 차가운 답변이었다. 야속한 말 한마디 외에는 아무런 설명도 듣지 못하고 아내는 속절없이 발길을 돌려야만 했다. 나중에서야 제멜바이스가 입원 당일 탈출을 시도한 사실이 알려졌다. 그랬다면 제멜바이스를 제압하는 과정에서 폭행이 있었고, 이를 감추려 아내와의 만남을 허락하지 않았을 가능성이 크다. 부검 결과도 이런 추측에 힘을 실어준다.

제멜바이스의 몸 여기저기에 심한 구타 흔적이 있었다. 외상은 말할 것도 없고 일부 골절도 확인되었다. 가슴막 ^{허파를 각각 둘러싸고 있는}

두 겹의 얇은 막은 주먹이 들어갈 정도로 찢어져 있었다. 심한 구타가 아니고서는 생길 수 없는 부상이었다. 제멜바이스의 의학적 최종 사인은 패혈증으로 판정 났다.[12] 아이러니하게도 그가 그렇게 예방하고자 했던 산욕열과 같은 감염병으로 그 자신도 희생되고 만 것이다. 결국 이 고독한 의사의 생명을 앗아간 건 미생물이다. 하지만 그를 사경으로 내몬 배후는 무지와 아집에 사로잡혀 그의 마음을 병들게 한 헛똑똑이들이었다는 생각을 지울 수 없다.

제멜바이스가 세상을 떠나고 10여 년이 지나 이른바 '미생물 병원설germ theory'이 입증되면서(다음 장 참조) 그의 명예가 회복되고 공로가 재조명받았다. 1906년 부다페스트 광장에 그의 동상이 세워졌고, 1969년에는 '제멜바이스대학교'가 설립되었다. 그가 살았던 부다페스트의 집은 '제멜바이스 의학사 박물관'이 되었다. 이 밖에도 헝가리에는 그의 이름이 붙은 여러 기관이 있다. 하늘나라에서라도 제멜바이스가 이를 내려다볼 수 있었으면 한다.

마을의 물 펌프 손잡이를 뽑아버린 의사

영어 단어 '매뉴팩처manufacture'는 1560년대부터 '손으로manu 만든 것facture'이라는 뜻으로 쓰이기 시작했다. 그러다 1680년대부터는

'재료를 사용 목적에 맞게 변형시키다'라는 의미를 지닌 동사로 사용되었고, 1775년에 와서는 '여럿이 또는 기계를 이용하여 대량으로 제품을 생산하다'라는 의미를 지니게 되었다.[13] 이 말의 탄생과 변화의 배경에는 1492년 콜럼버스의 신대륙 발견에서 시작된 신항로 개척과 유럽 교역망이 자리하고 있었던 것으로 보인다.

신항로 개척 이후 대서양 연안 나라들은 앞다퉈 배를 타고 먼바다로 나가 식민지 건설에 열을 올렸다. 이들 국가가 유럽 경제의 중심에 서면서 유럽과 아메리카, 아프리카를 잇는 '삼각 무역'이 이루어졌다. 대서양 삼각 무역을 필두로 세계적인 규모로 활성화된 교역(상업혁명)은 유럽의 상업과 제조업을 크게 발전시켰다. 이 과정에서 자본을 축적한 상인들은 공장제 수공업, 즉 매뉴팩처와 선대제를 이용해 더 많은 이윤을 추구했다. 선대제란 상인 자본가가 가내 수공업자에게 미리 원료와 기구를 대주고 물건을 만들게 한 다음에 삯을 치르고 그 물건을 도맡아 팔던 제도를 말한다.

상업혁명은 제임스 와트James Watt가 개량한 증기 기관이 1780년대부터 직조 공장과 광산을 비롯한 여러 생산 현장에 도입되면서 이른바 '산업혁명'으로 이어졌다. 18세기 후반 영국에서 시작된 산업혁명은 한마디로 기계 발명과 기술 혁신이 가져온 산업 시스템의 대변혁이다. 특히 영국은 시민혁명을 거치며 정치가 안정되면서 경제 발전에 전념할 수 있는 토대가 마련되었다. 한편으로는 '인클로저 운동enclosure, 18세기에 곡물 수요가 늘어나자 대지주들이 농업을 대규모로 하기 위해 토지를

^{매입하고 합쳐 사유지를 만든 운동}'으로 토지를 잃은 농민들이 도시로 몰려들면서 풍부한 노동력을 제공했다. 영국은 이러한 여건을 발판으로 19세기 들어 '세계의 공장'으로 발돋움했다.

공장제 기계 공업이 발달하면서 생산성이 크게 향상되었다. 이에 새로운 공산품이 대량으로 생산되고 공급되어 그만큼 생활이 풍요로워졌고 인구도 많이 늘어났다. 산업 규모가 커지자 원료와 제품 수송을 위한 교통수단이 발달했다. 1825년 세계 최초로 증기 기관차가 공업 도시 스톡턴과 시장 도시 달링턴 사이를 시속 24km의 속력으로 달렸다. 이런 분위기 속에서 산업혁명이 빈곤 탈출을 가능케 하리라는 희망을 품는 사람도 생겨났다. 그러나 빛이 비치면 그늘이 지듯이 산업혁명도 명암이 엇갈렸다.

산업혁명으로 부를 축적한 자본가와 노동의 대가로 돈을 받는 노동자 사이에 일종의 '갑을 관계'가 만들어졌다. 산업혁명 초기의 노동자들은 비위생적이고 위험한 노동 환경에서 저임금을 받으며 장시간 노동에 시달렸다. 게다가 인건비가 싸다는 이유로 고용된 여성과 어린이를 대상으로 한 노동 착취는 더욱 가혹했다. 찰스 디킨스Charles Dickens는 소설 《올리버 트위스트》에서 산업혁명 시대의 영국 도시 하층민의 삶을 적나라하게 묘사함으로써, 당시 불평등한 사회구조와 산업화의 폐해를 날카롭게 비판했다. 설상가상으로 열악한 주거 환경에서의 과밀 생활은 사람들을 감염병에 거의 무방비 상태로 노출시켰다.

유럽 대륙에서 제멜바이스가 산욕열을 막느라 온 힘을 다하고 있을 때, 바다 건너 영국에서는 존 스노John Snow라는 의사가 콜레라 확산을 막는 데 결정적인 역할을 했다. 1854년 여름, 런던의 빈민가 소호를 중심으로 콜레라가 창궐했다. 손쓸 사이도 없이 600여 명의 사망자가 발생했다. 역시나 미아즈마로 콜레라가 전염된다는 터무니없는 소문이 빠르게 퍼져나갔다. 그러나 스노는 나쁜 공기가 아니라 더러운 식수가 감염 경로라고 의심했다. 그는 희생자의 거주지를 지도에 표시해나갔다. 그러자 숨어 있던 진실이 그 지도 위에서 윤곽을 드러내기 시작했다. 사망자의 주소가 특정 거리를 중심으로 몰려 있었다.

스노는 해당 가정을 일일이 방문 조사했고, 이들 모두 같은 펌프에서 물을 길어왔다는 사실을 알아냈다. 이어서 문제의 펌프를 조사해보니 근처 화장실에서 나오는 오물이 펌프의 수원으로 유입되고 있다는 사실이 드러났다. 오염된 물이 콜레라를 퍼뜨리고 있다고 확신한 스노는 펌프 사용 중단을 강력히 주장했고, 급기야 문제가 된 펌프의 손잡이를 빼버렸다. 이런 극단의 조치 이후로 콜레라 환자 발생이 멈추었다. 런던 소호의 콜레라 발생 원인을 추적해 밝혀낸 스노의 조사 방법은 현대 역학의 시초가 되었으며, 많은 사람을 구해낸 그의 공로를 기려 지금도 그 거리에는 손잡이가 빠진 펌프가 그대로 남아 있다.

산업혁명이 부추긴 콜레라 밀입국

프랑스 작가 쥘 베른Jules Verne은 산업혁명 과정에서 일어나는 교통수단의 발달에서 모티프를 얻어 《80일간의 세계 일주》를 썼다. 이 공상과학소설에서 주인공 필리어스 포그는 80일이면 세계를 한 바퀴 돌 수 있다고 내기를 하고 1873년 세계 일주에 나선다. 런던에서 출발해 증기선을 타고 샌프란시스코에 도착한 포그 일행은 증기기차로 대륙을 횡단해 뉴욕에 도착한다. 그리고 다시 증기선을 타고 대서양을 가로질러 80일 만에 런던에 돌아온다. 증기기관이 없었던 시절에 똑같은 도전을 했다면 족히 1년은 걸렸을 것이다. 하지만 이러한 문명의 이기는 인간의 전용물이 아니었다. 부지불식간에 미세한 불청객 콜레라균이 무임승차해 세계 여기저기로 퍼져나갔다.

1817년에 처음 시작된 콜레라 대유행은 19세기에만 다섯 번 (1829년, 1852년, 1863년, 1881년, 1889년) 더 반복되었다. 콜레라는 이미 기원전부터 인도에서 유행하고 있었던 것으로 추정한다. 이를 뒷받침하는 증거 가운데 하나로 인도 서부 구자라트주에 소재한 사원에 기원전 4세기쯤 세워진 돌기둥 모놀리스monolith에 이런 내용이 새겨져 있다. '초췌한 안색에 시퍼런 입술과 쑥 들어간 눈, 푹 꺼진 배, 오그라든 팔다리, 이 모든 것이 제사장의 저주로 생긴 역병의 징후로 결국 용사들을 죽음에 이르게 한다.'[14] 탈진한 중증 콜레라 환자의 모습과 매우 유사하다.

고대의 콜레라가 인도에만 국한된 아시아 풍토병인지 아닌지를 두고는 이견이 있다. 하지만 인도를 식민 지배하던 영국의 배들이 인구 밀도가 높고 콜레라가 자주 돌았던 벵골 지역을 빈번하게 드나들었다는 사실을 고려하면, 19세기 유럽의 콜레라 대유행이 인도에서 유래한 것은 분명해 보인다. 벵골에서는 콜레라 대유행과는 별개로 콜레라 유행이 지속적으로 발생하고 있다.[15]

콜레라균학명: 비브리오 콜레리, Vibrio cholerae은 분변이나 토사물로 오염된 물이나 음식을 통해 주로 감염된다. 잠복기는 몇 시간에서 5일 정도인데, 보통 2~3일이다. 건강한 사람의 경우에는 보통 1억 마리 이상의 많은 콜레라균이 한꺼번에 체내로 들어와야 콜레라가 발병한다. 이들 대부분 위산에 의해 파괴되기 때문이다. 그러나 위산분비에 문제가 있거나 위절제술을 받은 사람은 훨씬 더 적은 수의 균으로도 감염될 수 있다.

위장을 살아서 통과한 콜레라균은 소장에서 자라며 독소를 만들어 내보낸다. 콜레라 독소는 체액에 잘 녹아서 혈액으로 쉽게 흡수되므로 몸 전체로 빠르게 퍼진다. 콜레라 독소에 중독된 세포는 물과 전해질(특히 칼륨)을 분비한다. 그 결과 장벽 점액과 표면 세포가 떨어져 나와 대변으로 배출된다. 이 때문에 콜레라 환자의 특징적인 증상인 '쌀뜨물 설사rice water stool'가 나타난다.

콜레라에 걸리면 사나흘 동안 심한 설사와 함께 흔히 구토를 한다. 심하면 하루에 20ℓ에 달하는 수분을 잃을 수 있다. 이렇게 되면 탈수로 인해 혈압과 체온이 급격히 떨어진다. 게다가 체액이 부족하면 혈액이 끈끈해져(점성 증가) 신체 기능에 큰 장애를 초래한다. 치료하지 않고 이 단계가 지나면 건강한 성인이라도 절반 이상 목숨을 잃게 되고, 노약자의 경우에는 치사율이 90%에 이른다.

주된 콜레라 치료 방법은 손실된 수분 보충과 전해질 공급을 위한 수액 주사다. 구토가 없고 심한 탈수가 아닌 경우에는 경구 수액 보충으로도 치료할 수 있다. 항생제 투여로 증상을 완화할 수는 있지만 그것만으로는 역부족이다. 왜냐하면 항생제가 콜레라균을 파괴하더라도 이미 퍼진 독소가 남아 있기 때문이다. 수분 보충 요법은 효과가 아주 좋아서, 제때 치료하면 치사율은 통상 1% 미만이다.

여름휴가가 선물한 콜레라 백신

백신 하면 으레 1796년 우두소의 두창. 흔히 천연두를 예방하기 위해 소에서 뽑은 면역 물질을 이름. 접종으로 천연두 박멸의 길을 연 영국 출신 의사 에드워드 제너Edward Jenner를 떠올린다. 제너가 접종한 우두를 최초의 백신으로 볼 수는 있다. 하지만 엄밀히 말하면 그는 백신을 개발한

게 아니라 정황 증거만으로 멀쩡한 사람에게 병원체를 일부러 감염시킨 셈이다. 다행히 접종을 받은 소년을 궁극적으로 천연두에서 보호할 수 있었고, 이는 백신 개발의 실마리를 주었다. 하지만 그런 연구 성과가 있다고 해서 사람을 대상으로 안전성이 검증되지 않은 바이러스 감염 실험을 했다는 것에 대한 비난은 피할 수 없다. 명실상부하게 백신을 최초로 개발한 인물은 다름 아닌 파스퇴르다. 인생 후반부인 1877년에 파스퇴르는 가축 전염병 예방을 위한 노력의 하나로 닭 콜레라 연구를 시작해서 이듬해에 그 원인균을 배양하는 데 성공했다. 그러고 나서 그는 병원성 미생물과 자연스럽게 연결되는 백신으로 연구 범위를 넓혔다.

실험동물에 관한 전문성이 부족했던 파스퇴르는 1878년 새로운 연구를 시작하면서 젊은 의사 에밀 루Emile Roux를 연구원으로 고용했다. 그해 여름휴가를 마치고 돌아온 파스퇴르는 닭 콜레라 연구를 재개했다. 그는 휴가를 떠나기 전에 키웠던 세균 배양액의 일부를 뽑아 닭에게 주입했다. 그런데 놀랍게도 닭들이 콜레라에 걸리지 않았다. 그 배양액에서 추출한 병원균을 새로 키워서 닭에게 투여해보아도 결과는 마찬가지였다.

파스퇴르는 휴가 기간에 방치되어 있는 동안 배양액 속 세균들이 약해져서 병을 일으키지 못했다고 추정하고, 반복 실험을 통해 이를 확인했다. 그는 한발 더 나아가 약해진 닭 콜레라균을 건강한 닭에 주입하면 병은 일으키지 않고 맹독성 균을 막을 수 있을 것으로 생각했다. 이를 위해 수행한 동물실험 결과는 파스퇴르가 옳았음을 입증해주었고, 마침내 1880년 파스퇴르는 이러한 연구 성과를 발표했다.

파스퇴르는 약화된 병원균을 '백신'이라고 명명했는데 여기에는 제너의 업적, 즉 최초의 우두 접종을 기리는 뜻이 담겨 있다. 영어 'vaccine'은 라틴어로 소를 뜻하는 'vacca'에서 유래한 것이다. 파스퇴르는 작동원리는 몰랐지만 최초의 '약독화 생균백신'을 개발함으로써 향후 백신 개발 연구의 발전에 크게 기여했음은 물론이고 면역학이 학문으로 정립되는 기반을 다졌다.[16]

1890년 파스퇴르 연구소에 합류한 러시아 출신 과학자 발데마어 하프킨Waldemar Haffkine은 파스퇴르의 약독화 생균백신의 개념이 인체용 콜레라 백신 개발에도 그대로 적용될 것으로 생각했다. 우선 실험동물에 사용할 콜레라균을 얻기 위해 하프킨은 기니피그의 복강에 사람 콜레라균을 반복적으로 접종했다. 마흔 번 정도 거듭한 끝에 드디어 기니피그에서 고병원성을 나타내는 콜레라균 확보에 성공했다. 다음으로는 이 세균을 파스퇴르의 방식으로 배양하면서 약독화했다. 마지막으로 그는 약독화한 세균을 접종한 기니피그에 병원성 콜레라균을 접종했다. 기니피그는 멀쩡했다.

하프킨은 토끼와 비둘기를 대상으로도 같은 실험을 수행했다. 이들 동물에게도 성공적으로 면역이 형성되었다. 이제 하프킨은 자신이 개발한 백신이 사람에게도 효과적일 거로 믿게 되었다. 그는 자신을 1호 접종자로 택했다. 첫 접종 후 약간의 열과 두통, 주사 부위에 부기와 통증 같은 국소 반응 외에는 별다른 부작용이 없었고, 이런 증상은 며칠 안에 사라졌다. 1차 주사를 맞은 지 6일이 지나 2차 백신을 접종했다. 다시 열이 났지만 24시간 안에 정상으로 돌아왔고, 국소 통증은 사흘 만에 사라졌다. 안전성을 검증한 하프킨은 이후 세 명의 러시아 친구를 포함해서 다른 자원자에게 백신을 접종했다. 그리고 1894년 봄, 마침내 콜레라가 만연하고 있던 인도 벵골에 가서 백신의 효과를 입증했다.[17]

조선을 뒤흔든 신종감염병

1997년 유네스코 세계기록유산으로 등재된 《조선왕조실록》은 세계에서 가장 상세하면서도 포괄적인 역사 기록물이다. 이 귀중한 유산은 조선을 세운 태조의 통치기(1392~1398)부터 제25대 왕 철종의 통치기(1849~1863)까지 470여 년에 걸친 왕조 역사뿐만 아니라 당시 역사와 문화 전반을 포괄하는 매일의 기록이다. 놀랍게도 1817년 콜레라 대유행에서 조선도 예외가 아니었음을 보여주는 내용도 있다. 그 가운데 하나로 《순조실록》 24권, 1821년 8월 13일 첫 번째 기사는 평양부의 성 안팎에 괴질이 유행한다는 평안 감사의 보고를 다음과 같이 기록하고 있다.

> 평안 감사 김이교가 아뢰기를 "평양부의 성 안팎에 지난달 그
> 믐 사이에 갑자기 괴질이 유행하여 토사吐瀉와 관격關格, 먹은 음
> 식이 갑자기 체하여 가슴 속이 막히고 위로는 계속 토하며 아래로는 대소변이 통하지 않
> 는 위급한 증상을 한방에서 이르는 말을 앓아 잠깐 사이에 사망한 사람이
> 10일 동안에 자그마치 1,000여 명이나 되었습니다. 의약도 소
> 용없고 구제할 방법도 없으니, 목전의 광경이 매우 참담합니
> 다. (중략) 가난하고 의지할 곳 없는 사람으로서 아파도 치료
> 를 하지 못하는 사람과, 이미 사망했는데도 장례를 치르지 못
> 한 사람은 별도로 구호하고 사정을 참작하여 도와주고 있습니
> 다. 그 사망자의 숫자와 돌림병의 상황은 앞으로 잇달아 아뢸
> 생각입니다" 하였다.[18]

1821년(순조 21년) 초여름, 중국 북경까지 덮친 콜레라는 계속 동
진하여 마침내 압록강을 건너 그해 7월 하순 평양에 입성했다. 한
반도 첫 대유행의 교두보를 확보한 콜레라는 이내 한성을 접수하
고 빠르게 남하해 9월에는 경상도까지 장악했다. 《순조실록》에서
는 콜레라를 원인을 알 수 없는 이상한 병이라 하여 '괴질怪疾', 여러
사람이 잇따라 돌아가며 옮아 앓는다는 뜻으로 '윤질輪疾', 이 둘을
합쳐 '윤행괴질' 등으로 기록하고 있다. 겨울이 오면서 콜레라는 잦

아들었다. 그러나 안도의 한숨도 잠깐, 이듬해 1822년 4월에 다시 서울을 중심으로 창궐해 전국에 걸쳐 10월까지 대유행했다. 연이은 대유행으로 조선 인구가 대폭 감소할 정도였다.[19]

조선 헌종 때 이규경은 백과사전 형식으로 쓴 《오주연문장전산고》에서는 콜레라를 '마각온麻脚瘟'이라 불렀으며, 한의사 황도연이 고종 때 간행한 의서 《의종손익》에서는 '서습곽란暑濕霍亂'이라는 병명으로 칭했다. 음식이 체하여 토하고 설사하는 급성 위장병을 일컫는 '곽란' 앞에 덥고 습한 기운을 뜻하는 '서습'을 붙인 작명이 감탄스럽다. 병명이 증상은 물론 병이 만연하는 환경적 특성까지 담고 있으니 말이다. 1899년(광무 3년) 9월, 호열자 예방규칙이 반포되면서 콜레라의 음역어인 '호열자虎列刺'가 공식 명칭이 되었다.

19세기 조선을 흔든 콜레라는 요즘 말로 하면 '신종감염병'이다. 현재 널리 통용되고 있는 이 용어는 사실 아쉬운 번역 사례다. 최근 들어(20년 정도) 발생 빈도가 증가한 감염병을 총칭하는 원어 'emerging infectious disease'에 신종이라는 의미는 없다. '출현성 감염병'이 더 정확한 표현이라 판단된다. 어찌 부르든 정도의 차이지, 이 감염병이 미지의 새로운 미생물에 의해 일어난다고 생각하기 쉽다. 하지만 대부분은 이미 알려진 병원성 미생물이 갑자기 재창궐하거나 새로운 지역으로 전파되어 발생한다. 조선의 콜레라처럼 말이다. 이후 조선은 광복 전까지 30여 회나 더 콜레라 유행을 겪어야 했다.

광복 이듬해인 1946년에도 콜레라가 크게 유행했고, 치사율이 무려 60%를 넘었다. 그 후 15년 동안 콜레라는 한반도에서 자취를 감추었다. 적어도 공식 기록상으로는 그렇다. 그러다 1963년 9월 부산에서 콜레라가 터져 10월 하순까지 한 달여간 경상도와 강원도 해안지역에 걸쳐 총 414명의 환자가 발생했고, 이 가운데 36명이 숨졌다. 부산의 한 시장 일대에서 일하던 일용직 노동자 사이에서 시작하여 시장을 오염시키며 콜레라균이 퍼져나간 것으로 추정할 뿐, 유입 경로는 밝혀지지 않았다. 특이하게도 당시 일본과 대만, 중국 등에서는 콜레라가 유행하지 않았다.

1969년 8월 하순 전라북도 군산항 피난민촌에서 발생한 콜레라는 전라도, 충청남도, 경상도, 경기도 해안지대에 순차적으로 만연하면서 두 달 동안 맹위를 떨쳤다. 공식 집계에 따르면 총 발생 환자 1,538명 가운데 사망자는 37명이었다. 앞선 유행에 비해서 치사율이 크게 떨어진 것이 그나마 다행이었지만 이번에도 유입 경로는 오리무중이었다. 모호한 유입 경로와 다수의 발생원이 의심된다는 점을 들어 인위적인 콜레라균 살포 의혹을 제기하는 일부 학자도 있었다. 더욱이 그해 연말 일본 신문을 통해, 북한이 일본상사에 몇 가지 전염병 균주를 발주한 사실이 보도되면서 의혹은 더욱 증폭되었다. 급기야 당시 보건사회부 장관의 요청으로 세계보건기구 WHO의 전문가 두 명이 방한해 조사를 벌였다.

이미 유행병이 지나가 버린 상태였기 때문에 유용한 정보 수집

이 어려웠지만, WHO 조사팀은 1969년 8월 군산항에 입항했던 외국 선박의 선원이 최초 감염원이었을 가능성에 무게를 두었다. 그러면서도 이전에 국내에서 발생했던 콜레라 감염자 가운데 만성 보균자나 경증 환자에 의한 재유행 가능성도 배제하지 않았다. 반면, 인위적 병균 살포에 의한 발병 증거는 찾을 수 없다고 발표했다. 이후 국내에서는 1970년과 1980년, 1991년에 각각 100명이 넘는 콜레라 환자가 발생해 '10년 주기설'이라는 말이 나오기도 했다.[20]

불평등의 질병

오염된 물로 쉽게 전파되는 콜레라균의 특성상, 콜레라는 보건과 환경위생이 열악한 지역에서 주로 유행하는 감염병이다. 환자의 대변 1g에 콜레라균이 1억 마리까지 득실거릴 수 있으므로 위생이 최우선 통제 수단이다. 따라서 이미 19세기 중반에 스노가 보여주었듯이 안전한 상하수도와 폐수처리 시설만 갖추면 콜레라 유행을 거의 막을 수 있다. 아울러 효과적인 백신도 개발되어 있으니, 현재 우리나라에서는 필수가 아니지만 콜레라 유행 또는 발생 지역을 방문할 사람은 예방접종을 받으면 된다. 소위 선진국에서 이미

1970년대부터 콜레라를 검역 대상 질병에서 제외한 이유도 바로 여기에 있다. 국내에서도 2016년, 15년 만에 처음으로 콜레라 환자가 발생했지만, 우수한 상하수도 시설과 높은 개인위생 수준 덕분에 유행으로 이어지지 않았다. 하지만 안타깝게도 지구상 모든 나라의 상황이 이렇지는 않다.

깨끗한 물과 위생은 모두가 누려야 하는 기본 인권이다. 그러나 첫 콜레라 범유행이 발생한 지 200주년이 되는 2017년 기준으로 20억 명 이상이 분변에 오염된 물을 마시며 변변한 위생시설이 없는 환경에서 지내고 있다. 콜레라를 비롯한 각종 수인성 감염병의 위험에 그대로 노출된 상태인 것이다.[21] 이로 인한 충격적인 결과는 2017년 WHO 보고서에 그대로 담겨 있다. 전 세계에서 연간 발생한 콜레라 환자 수는 100만에서 300만 명이었고, 이 가운데 2만에서 14만여 명이 사망했다.

콜레라는 불평등의 질병이다. 이 고대 감염병은 오늘날 가장 가난하고 취약한 사람들만 병들게 해 죽음으로 내몬다. 콜레라 발생 지도와 빈곤 지도는 거의 일치한다. 21세기 인류는 콜레라로 인한 인명피해를 막을 수 있는 과학적 역량을 확실히 가지고 있다. 그러므로 콜레라 종식은 충분히 달성 가능한 목표다. 이에 2017년 WHO는 '콜레라 종식 글로벌 로드맵 2030' 실행을 시작했다. 2030년까지 콜레라 사망자 수를 90% 감소시키는 것을 주요 목표로 하는 이 로드맵은 '대유행의 조짐 조기 발견 및 신속 대응', '콜레라 만연 지역에 다각도 지원', '국가와 글로벌 수준에서 효율적인 공조', 이렇게 세 가지 전략적 축으로 이루어져 있다.

콜레라균은 숙주 침투에 최적화된 은신법을 터득했다. 우선 인체 밖에서 사는 콜레라균은 기본적으로 실험실 조건에서 자라지 않는다. 척박한 환경에 처하면 콜레라균이 휴면 상태에 들어가기 때문이다. 환경이 좋아지면, 즉 감염에 성공하면 빠르게 상태를 전환한다. 게다가 휴면 상태의 콜레라균은 물속에 떠다니는 플랑크톤에 붙어서 무리를 이룬다. 콜레라 유행이 사그라진 기간에 플랑크톤이 콜레라균의 은신처가 되어 콜레라 유행이 반복적으로 일어날 수 있는 토대를 제공한다는 말이다. 따라서 코로나19 진단 검사와 마찬가지로 의심 지역 플랑크톤을 대상으로 한 PCR 검사가 조기 발견과 신속 대응을 위한 주요 수단이 될 수 있다. 또한 콜레라가 만연한 지역에서는 깨끗한 물과 위생을 보장할 수 있는 시설 구축과 함께 경구용 백신 공급이 우선되어야 한다. 콜레라 유행은 우리의 의지와 노력으로 충분히 끝낼 수 있다.

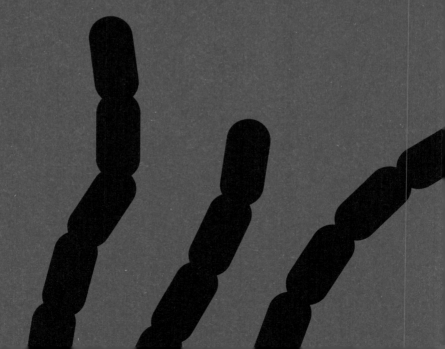

3___

성경 속
역병에서
생물무기까지,
탄저균

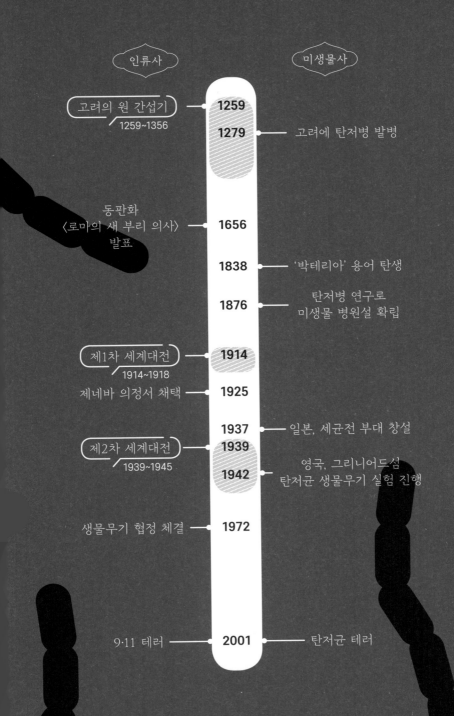

인류사

미생물사

고려의 원 간섭기
1259~1356

1259

1279 — 고려에 탄저병 발병

동판화
〈로마의 새 부리 의사〉
발표 — 1656

1838 — '박테리아' 용어 탄생

1876 — 탄저병 연구로
미생물 병원설 확립

제1차 세계대전
1914~1918 — 1914

제네바 의정서 채택 — 1925

1937 — 일본, 세균전 부대 창설

제2차 세계대전 — 1939
1939~1945

1942 — 영국, 그리니어드섬
탄저균 생물무기 실험 진행

생물무기 협정 체결 — 1972

9·11 테러 — 2001 — 탄저균 테러

의학사 책을 살펴보면 제멜바이스나 스노보다 약 300년이나 앞서 미생물 감염을 직감한 인물이 있었다. 르네상스 시대에 의사, 시인, 점성술사로 활동했던 이탈리아인 지롤라모 프라카스토로 Girolamo Fracastoro가 그 주인공이다. 그는 1546년에 펴낸 저서 《전염병에 대하여De contagione et contagiosis morbis》에 '아주 작은 입자 또는 포자가 직간접적으로 감염을 전파할 수 있으며, 심지어 공기를 타고 멀리까지 갈 수 있다'고 기록했다.[22] 비록 명확한 증거는 제시하지는 못했다 하더라도 놀라운 통찰력이다. 하지만 아무도 관심을 두지 않았다. 지극히 당연해 보인다. 제멜바이스도 그렇게 무시를 당했으니 말이다. 그나마 다행인 건 이런 와중에도 선각자들의 열정과 혜안을 이어가는 후학들이 있었다는 사실이다.

로마의 새 부리 의사와 마스크의 역사

수술실 환경은 르네상스 시대나 19세기나 기본적으로 별 차이가 없었다. 침대보와 수술복은 제대로 빨지 않고 사용했다. 오히려 피 묻은 가운이 권위의 상징으로 여겨질 정도였다. 수술 도구는 보관하기 전에만 닦았고, 회진 중에는 도구 하나로 모든 환자의 환부를 살펴봤다. 심지어 고름이 있어도 개의치 않았다. 당시 영국의 저명한 의사 존 에릭슨John E. Erichsen조차도 상처 자체에서 나오는 미아즈마가 공기 중에 축적되어 감염을 일으킨다고 믿었다. 그는 감염된 상처가 있는 환자가 병실의 병상 수 절반 이상을 차지하면 공기가 미아즈마로 포화한다는 추론까지 했다. 하지만 젊은 의사 조지프 리스터Joseph Lister는 스승의 의견이 마뜩잖았다.

때마침 파스퇴르의 발효에 대한 연구논문을 접한 리스터는 발효를 일으키는 것과 같은 과정이 상처에서도 일어난다고 생각했다. 다시 말해 미생물이 상처를 통해 체내로 들어와 감염병을 일으킨다는 사실을 간파한 것이다. 리스터는 깨끗한 수술복을 입고 손을 씻는 수준을 넘어 아주 적극적으로 예방책을 모색했다. 그런 와중에 그 시절 하수구 악취 제거에 사용하던 석탄산(페놀)이 눈에 들어왔다. 냄새를 없앤다면 미생물도 파괴할 거로 생각하고, 1865년부터 수술 도구와 붕대에 석탄산 용액을 분무한 다음에 사용하기 시작했다.

이런 소독 방법을 1년쯤 사용한 리스터는 임상 데이터를 모아 1867년 논문으로 발표했다. 하지만 영국 의료계의 반응은 냉소적이었다. 뜻밖에도 리스터 소독법의 도입과 확산에 앞장선 건 독일(프로이센)이었다. 프로이센-프랑스 전쟁 중 부상자 치료를 하던 몇몇 의사가 이 방법을 사용하면 생존율이 훨씬 올라가는 것을 직접 목격했다. 종전 후 이 사실이 알려지면서 리스터 소독법을 사용하는 유럽 의사들이 빠르게 늘어갔다. 영국은 맨 마지막 사용국이었다.[23]

이처럼 2,000년 넘게 다져진 '미아즈마'에 대한 맹신은 쉽게 무너지지 않았다. 제멜바이스의 손 씻기와 스노의 물 펌프 손잡이 제거, 그리고 리스터의 소독법 개발에도 불구하고, 미아즈마는 19세기 후반까지 질기게 남아 있었다. 어찌 보면 지금까지도 존재감을 드러내고 있는지 모르겠다. 독일 작가 파울루스 휴스트Paulus Furst가 1656년에 발표한 동판화 〈로마의 새 부리 의사Der Doctor Schnabel von Rom〉는 중세 흑사병 환자 치료에 나선 의사를 소재로 했다. 새의 부리처럼 생긴 이 마스크는 미아즈마 차단용이었다고 하는데, 그 안에는 약초와 미네랄까지 들어 있었다고 한다. 그런데도 이것을 착용한 의사들 역시 병에 자주 걸렸다. 그런데 17세기 작가가 남긴 동판화 이외에, 당시 의사들이 실제로 이런 마스크를 썼다는 증거는 독일 박물관이 소장하고 있는 '새 부리 마스크' 두 개 정도가 전부다. 그나마 박물관에 전시된 마스크마저도 후대에 만들어

새의 부리처럼 생긴 이 마스크는
미아즈마 차단용이었다고 하는데,
그 안에는 약초와 미네랄까지
들어 있었다고 한다.

파울루스 휴스트,
⟨로마의 새 부리 의사⟩ 동판화(1656)

진 가짜로 의심된다.[24)

1870년대부터 수술실에 본격적인 변화가 나타나기 시작했다. 이제 의사들은 상처 소독과 오염 차단에 심혈을 기울였다. 아울러 여러 분야에서 새로운 기술을 개발하려는 시도가 잇따랐다. 의료용 마스크도 그러한 노력의 소산이었다. 1897년 독일 출신 세균학자 칼 플뤼게Carl Flügge는 비말 감염에 관한 연구 결과를 발표했다. 그 당시 호흡기가 미생물 전달의 매개체로 인식되어 연구의 초점이 되었고, 거리 두기 지침이 이미 마련된 상태였다. 같은 해 플뤼게는 또 다른 논문에서 의료진을 위한 수술용 '입 붕대mouth bandage'를 선보였다. 그러나 그 당시에는 수술 시 입을 가리는 것에 대해 별 호응이 없었다.

현재 사용하는 것처럼 입과 코를 덮는 보호막을 끈으로 귀에 거는 마스크는 20세기로 접어들며 도입되었다. 아이러니하게도 이는 미아즈마에 대한 맹신이 마침내 무너진 이후에 일어난 일이다.

1920년대부터 독일과 미국을 중심으로 수술실에서 마스크가 사용되기 시작해, 1930년대를 거치며 마스크 효과에 관한 연구가 계속되었다. 1940년대에 와서야 세척 및 살균 가능한 마스크가 나와서 널리 사용되기 시작했다. 이 당시 마스크는 거즈 두셋 또는 서너 장을 겹쳐놓은 것이었다. 1960년대 중반 미국에서 종이와 양털로 만든 일회용 마스크가 생산되어 곧 전 세계 수술실로 퍼져 나갔다.

안타깝게도 감염병 시대를 맞아 이제 마스크는 생활필수품이 되어버렸다. 병원 밖 생활 환경에서도 장시간 마스크를 쓰는 것이 일상이다. 이제는 일상생활에서 불편을 최소화하면서도 효과적인 마스크와 그 착용 방법 개발이 절실하다.

노벨상으로 이어진 시골 의사의 취미

제멜바이스와 스노에 이어 파스퇴르와 리스터의 연구 성과로 미생물과 감염병의 연관성은 확실해 보였다. 이제 관건은 인과관계 규명이었다. 인과관계란 한 현상이 다른 현상의 원인이 되고, 그 다른 현상은 앞 현상의 결과가 되는 관계를 말한다. 그런데 과학에서 인과관계를 밝히는 게 그렇게 쉬운 일이 아니다. 의아하다면 이 질문에 답해보자. 흡연이 폐암의 원인인가?

그렇다고 단정할 수는 없다. 만약 그렇다면 담배의 생산과 판매, 소비를 당장 법으로 금지하고 불법행위로 단속해야 할 것이다. 알다시피 현실은 그렇지 않다. 금연 홍보는 적극적으로 하지만, 담배 자체는 버젓이 기호품으로 취급되고 있다. 담배가 건강에 해로운 건 분명한 사실인데 말이다. 흡연은 폐암을 비롯해 여러 질환의 발병 확률을 크게 높인다. 흡연과 해당 질환 사이의 상관관계는 명확하지만, 아직 인과관계는 입증되지 않았다.

특정 감염병이 특정 미생물에 의한 것이라는 인과관계를 처음으로 밝혀낸 사람은 독일 출신 의사 로베르트 코흐Robert Koch였다. 1866년 의대를 졸업한 코흐는 이듬해 결혼을 하고 몇 번을 옮겨 다니며 시골 의사 생활을 하고 있었다. 환자가 없을 때는 아내가 선물한 현미경을 들여다보며 여가를 보냈다고 하는데, 이런 일상이 자신을 노벨상으로 이끌 줄은 상상도 못 했을 것이다.

프로이센-프랑스 전쟁은 코흐에게 있어 삶의 방향을 바꾸는 계기가 되었다. 군의관으로 참전해 승리의 기쁨을 안고 돌아온 그는 1872년 지역 의료담당관 시험에 합격하여 작은 도시 뵐슈타인에 정착했다. 그 무렵 뵐슈타인 지역에는 탄저병이 만연해 있었다. 4년에 걸쳐 인명피해만 528명이었고, 가축 5만 6,000마리가 죽어 나갔다. 그때까지 밝혀진 사실은 탄저병에 걸린 동물의 혈액에 막대 모양의 입자가 존재하며, 그 피를 건강한 동물에게 주입하면 탄저병이 생긴다는 것이었다. 또한 가축을 특정 목초지에 방목하면 탄저병에 걸리는 경우가 많아 그런 곳은 위험 지역으로 알려져 있었다.

코흐는 실험동물(쥐, 기니피그, 토끼, 개 등)을 동원해 단계적으로 탄저병의 원인 규명에 착수했다. 우선 탄저병에 걸린 동물의 피를 현미경으로 관찰해 막대 모양(탄저균) 입자가 건강한 동물의 피에는 없고 병에 걸린 동물의 것에만 있다는 사실을 확인했다. 그러나 특정 입자의 존재는 그 병으로 인한 결과일 수도 있으므로, 그것이 탄저병의 원인이라고 단정할 수는 없는 노릇이었다. 그래서 그는 탄저병에 걸려 죽은 동물의 피를 뽑아서 건강한 실험동물에 주사했다. 결국 그 동물은 탄저병으로 죽었다. 여기까지는 앞선 사실을 검증한 수준이고, 코흐의 비범함은 이제부터 빛을 발한다.

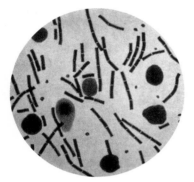

막대 모양의 탄저균

죽은 실험용 쥐를 부검한 결과, 혈액뿐만 아니라 림프샘과 지라(비장)에서도 문제의 막대 모양 입자가 발견되었다. 감염된 지라에서 뽑은 피를 두 번째 실험용 쥐에 주입했더니 같은 결과가 나왔다. 피 한 방울에 있던 소수의 막대 모양 입자가 동물의 몸속에서 엄청나게 늘어나 있었다. 코흐는 이런 접종을 반복하면서 막대 모양 입자를 현미경으로 자세히 관찰했다. 그것은 길이가 다양했고, 긴 막대모양은 중간에 칼집이 난 것처럼 보이는 게 많았다. 마치 분리되려는 듯했다. 이를 보고 코흐는 막대 모양 입자가 살아 있는 '박테리아bacteria, 세균'라고 생각했다. 박테리아는 1838년 독일의 박물학자 크리스티안 에렌베르크Christian Ehrenberg가 처음으로 만든 용어로, '작은 막대'를 뜻하는 그리스어bakterion에서 유래했다. 에렌베르크가 보았던 것이 막대균(간균)이어서 자연스레 붙은 이름이지만, 앞서 말했듯이 세균에는 동그란 모양(알균 또는 구균)도 있고 구불구불한 모양(나선균)도 있다.

코흐는 탄저균을 생체 밖에서 키울 수 있는 인공 배양 기술을 개발했고, 덕분에 시간 경과에 따른 탄저균의 변화를 관찰할 수 있었다. 그는 토끼 안구에서 뽑은 액체(안방수)에 탄저균이 들어 있는 체액을 접종했다. 탄저균이 증식하면서 반투명이던 액체가 뿌옇게 변했다. 코흐는 한 걸음 더 나아가 현미경 관찰이 가능한 정교한 배양 기술을 개발했다. 슬라이드글라스광학현미경 관찰 시, 시료를 올려놓는 직사각형 판유리 가운데에 홈을 파고 거기에 감염된 지라 조직 조각과 안방수를 넣은 다음 커버글라스를 덮었다. 그리고 그 가장자리에 바셀린을 발라 공기에 있는 미생물이 유입되어 시료가 든 안방수가 오염되는 것을 막았다. 그 후 석유램프를 켜 동물의 체온을 흉내 냈다. 실시간 세균 관찰이 가능한 배양기를 개발한 셈이다.

이 배양 시스템을 이용하여 코흐는 아주 중요한 발견을 했다. 탄저균은 자라면서 실처럼 길어지는데, 시간이 지나면서 그 실에 아주 작은 과립세포나 체액 안에 있는 매우 잔 알갱이이 나타났다가 작은 공 모양으로 바뀌었다. 그러다가 결국 막대균은 분해되고 구球만 남았다. 흥미롭게도 그 배양액을 말렸다가 다시 안방수를 넣으면 구에서 세균이 나왔다. 이걸 본 코흐는 그 구가 열악한 환경 조건에서 만들어지는 강인한 포자라고 생각했다. 그는 이 포자만으로도 탄저

로베르트 코흐

Robert Koch, 1843~1910

코흐는 탄저균을 생체 밖에서 키울 수 있는
인공 배양 기술을 개발했고,
덕분에 시간 경과에 따른 탄저균의 변화를
관찰할 수 있었다.

병이 발병한다는 사실을 밝혀냈다. 특정 목초지가 몇 년 동안 계속 탄저병 위험 지역이 되는 이유가 바로 이 포자 때문이었다. 포자의 위험성을 발견한 코흐는 탄저병으로 폐사한 동물은 태우라고 제안했다.[25] 코흐는 자신의 실험 결과를 가지고 옛 대학의 은사를 찾아갔다. 이를 본 노ㅌ 교수는 코흐의 연구 성과가 가진 가치를 대번에 알아채고 논문으로 발표할 것을 적극적으로 권했다. 이렇게 해서 1876년 시골 의사 코흐가 학계에 혜성처럼 등장했다. 그때 그의 나이 서른둘이었다.

동서양의 고문헌 속 탄저병

탄저병은 주로 초식 동물에게서 발생하지만, 사람에게도 전염되는 '인수공통감염병'이다. 현재 알려진 감염병 가운데 족히 70% 정도가 인수공통감염 미생물에 의한 것이다. 이런 미생물은 동물, 주로 가축에서 사람으로 넘어왔다. 인류 최초의 탄저병은 이집트와 메소포타미아에서 발생한 것으로 추정한다. 이곳은 신석기 시대 농업혁명과 함께 가축화가 가장 먼저 진행된 지역이다.

탄저균^{학명: 바실루스 안트라시스, Bacillus anthracis}에 감염되면 잠복기는 보통 일주일이 채 안 되지만 드물게 두 달 정도 걸리는 사례도 있다.

사람이 탄저병에 걸리는 경우는 크게 세 가지가 있다. 감염된 동물을 다루는 과정에서 피부나 호흡기를 통해 걸리거나 감염된 동물 고기를 익히지 않고 날로 먹어서 걸린다. 이에 따라 탄저병은 감염 경로별로 피부 탄저병, 호흡기 탄저병, 위장관 탄저병으로 구분한다. 탄저균이 피부에 감염되면 가려우면서 부스럼과 물집 따위가 생긴다. 며칠 지나면 감염 부위에 고름이 생기면서 검게 변한다. 석탄을 뜻하는 그리스어 '안스라키스anthrakis'에서 유래한 '안스락스anthrax, 탄저병'라는 이름이 붙은 이유다. 발병 초기에 폐렴과 유사한 증상을 보이는 호흡기 탄저병은 세 가지 탄저병 가운데 가장 위험하다. 위장관 탄저병은 발열과 복통을 동반한다.

〈구약성서〉 '출애굽기'에 나오는 열 가지 재앙 가운데 다섯 번째, 가축이 죽는 역병이나 기원전 700년 무렵에 호메로스가 《일리아드》를 시작하며 서술한 아폴론의 역병을 탄저병으로 보는 견해가 많다. 그러나 이런 주장들은 그 근거가 미약하다. 고대 기록 가운데 탄저병으로 짐작되는 가장 구체적인 서술은 기원전 70년~기원전 19년에 살았던 로마 시인 푸블리우스 베르길리우스 마로Publius Vergilius Maro가 남긴 농경시 정도다. 그 내용을 일부 소개하면 다음과 같다.

그곳에서 무서운 역병이 일어나 따뜻한 초가을에 양 떼를 차례로 쓰러뜨렸을 뿐만 아니라, 온갖 종류의 동물을 죽였다. 그

죽음마저도 쉽지 않았다. 불덩이처럼 달아오른 열이 동물의 핏줄을 타고 퍼져 살을 오그라들게 했다.[26]

　　서양의 경우 탄저병에 대한 역사적 서술이 아닌 확실한 임상 기록은 1752년에 이르러 처음으로 이루어졌다. 그런데 놀랍게도 이보다 무려 300여 년이나 앞선 기록이 우리나라에 있다. 조선 초기 세종대왕의 명으로 정인지, 김종서 등이 편찬하기 시작해 문종 원년(1451년)에 완성한 《고려사》를 보면 "충렬왕 5년(1279년) 12월에 경상도에서 우역牛疫이 돌았는데 병든 소를 도살한 사람의 손이 불에 덴 것처럼 살이 벗겨져서 죽었다"는 기록이 있다.[27] 소에서 도살자로 탄저균이 옮아와 피부 탄저병을 일으켰을 가능성이 커 보인다.

고려시대 탄저병의 서글픈 기원

　　고려 시대 이전에도 한반도에 탄저병이 있었는지 없었는지는 알수 없지만 《고려사》에 기록된 시기가 심상치 않다. 1259년, 고려 고종은 30년에 걸친 고려-몽골 전쟁을 강화講和, 싸움을 그치고 평화로운 상태가 됨로 마무리 지으면서 개경으로 환도했다. 그러자 몽골은 고려 국왕이 직접 찾아와 항복하라고 요구했다. 이에 고려는 태자(훗날 원종)를 대신 보내는 나름의 묘책으로 응했다. 그런데 태자 일행이 몽골로 가던 중에 몽케 칸Khan, 몽골에서 군주를 이르던 말이 사망했다는 급보를 접했다. 큰형 몽케가 급사하자, 몽골에서는 칭기즈 칸의 손자들 사이에 칸의 자리를 두고 '형제의 난'이 벌어졌다.

몽케의 네 아들은 모두 너무 어려서 왕권 다툼 상대가 되지 못했고, 몽케의 세 동생 가운데 나이가 가장 위인 쿠빌라이와 막내 아릭 부케가 치열하게 맞섰다. 세간에서는 수도 카라코룸에 있는 아릭 부케의 승리를 점쳤다. 그런데 고려 태자는 이런 대세론을 거스르는 판단을 내리고 쿠빌라이를 찾아갔다.

쿠빌라이는 30년 동안 공격하고도 끝내 정복하지 못한 고려의 태자가 방문하자 이를 하늘이 자신에게 칸의 자리를 허락하는 징표로 여겼다고 한다. 결국 왕좌의 게임에서 승리한 쿠빌라이 칸은 수도를 대도(베이징)로 옮기고, 1271년 국호를 '시초' 또는 '근원'을 뜻하는 '원元'으로 개칭했다. 한편 1260년 고려 제24대 왕위에 오른 원종은 쿠빌라이 칸과의 인맥을 사돈으로 발전시켰다.

1274년 5월, 원종은 불혹을 바라보는 맏아들(훗날 충렬왕)을 칸의 사위로 만들었다. 몽골과의 강화를 반대하고 여몽 연합군에게 끝까지 항전했던 삼별초를 궤멸시킨 이듬해의 일이다. 스물세 살이나 어린 아내를 맞은 충렬왕은 태자로 책봉된 직후 이미 결혼하여 장성한 자녀까지 둔 상태였다. 이제 원의 부마국이 된 고려 왕실의 용어와 관제도 제후국 체제로 격하되었다. 고려 왕의 칭호에 더는

'조' 또는 '종'을 붙일 수 없게 되었고, '폐하' 대신 '전하'를 사용해야
했다. 게다가 원에 충성한다는 뜻으로 왕의 이름 앞에 '충' 자를 붙
여야 했다. 충렬왕의 뒤를 이은 다섯 왕(충선왕, 충숙왕, 충혜왕, 충목
왕, 충정왕)의 이름이 모두 '충'으로 시작한다.

원나라는 '다루가치達魯花赤'라는 관리와 일본 원정을 위해 만들
었던 정동행성을 이용하여 고려 내정에 간섭했다. 그뿐만 아니라
1258년 고려 동북부 지역을 지배하기 위해 함경도에 설치했던 쌍
성총관부에 더해 1270년 평안도에 동녕부를 두었고, 1273년에는
삼별초 항쟁을 진압하고 제주도에 탐라총관부를 설치했다. 이러한
역사적 사실은 1279년 탄저병 발병 이전에 원나라 관료와 군대가
고려 땅에 대거 들어왔음을 입증한다.

탄저병은 744년 돌궐제국을 무너뜨리고 들어서 한때 당나라까
지 겁박했던 위구르제국을 840년 멸망의 길로 밀어 넣은 주된 원
인으로 추정된다.[28] 이는 몽골 초원에 탄저균이 오래전부터 산재했
음을 의미한다. 이런 곳에 살던 몽골인이 기마 부대와 함께 수많은
우마를 가지고 고려로 밀려왔다. 그 결과, 환경이 다른 먼 타국에
서 한꺼번에 유입된 동물과 토종 가축 사이에 의도치 않은 만남의
장이 펼쳐졌다. 만약 이방 동물에 탄저균이 묻어왔다면, 이들이 새
로운 숙주로 옮아가는 건 시간문제다. 탄저균의 특성 가운데 하나
가 이런 가정에 힘을 실어준다.

흙 속에 사는 탄저균은 먹을 게 부족해지거나 주변 환경이 나빠

지면 몸, 즉 세포 안에서 포자를 만들기 시작한다. 세포 안에서 만들어지기 때문에 미생물학에서는 이를 '내생포자endospore'라고 부른다. 몇 시간 정도 걸리는 포자 형성은 DNA 복제로 시작된다. 세포막 일부가 세포 안쪽으로 들어가 새로 만들어진 DNA를 감싸서 방울처럼 분리된다. 이것을 세포막이 한 번 더 에워싼다. 두 층이된 막 사이에 두꺼운 세포벽이 생긴다. 마지막으로 단백질로 된 두꺼운 포자 외피가 가장 바깥쪽을 둘러싸면 포자 형성이 끝나면서 원래 세포는 분해되고 포자가 방출된다. 코흐가 처음으로 보았던 그 장면이다(87쪽 참조).

탄저균 외에도 내생포자를 만드는 세균이 더러 있다. 세균은 달라도 이들 포자는 모두 아주 오랫동안 휴면상태로 남아 있을 수 있다. 다시 말해 혹독한 환경을 굳세게 견뎌내다가 기회가 오면 다시 자라기 시작한다. 예컨대 약 7,500년 동안 동토에 묻혀 있던 세균의 포자에 적절한 성장 조건을 제공하자 포자가 깨어났고, 심지어 호박나뭇진이 굳어 생긴 광물 속 벌의 창자에서 발견된 포자가 영양 배지미생물을 키우는 데 필요한 영양소가 들어 있는 액체나 고체 위에서 기지개를 켰다는 보고도 있다. 놀라운 사실은 그 호박이 자그마치 2,500만~4,000만 년 전에 만들어졌다는 것이다.[29]

약 80년에 걸친 '원 간섭기' 동안 고려는 해마다 금, 은, 인삼, 도자기, 비단을 비롯한 엄청난 물품에 사냥용 매까지 공물로 보내야 했다. 심지어 원나라는 고려 여인까지 요구했고, 고려 조정은 이를 피할 도리가 없었다. 원은 이렇게 끌려온 '공녀'를 대부분 궁녀로 부렸다. 이 가운데 황제의 마음을 사로잡아 황후가 된 여인이 있었다. 2013년 TV 드라마 제목으로 널리 알려진 '기황후'다. 그녀는 1340년에 황후가 되어 30년 동안 권세를 부렸다. 오빠 기철 일파는 여동생의 권세를 등에 업고 고려에서 온갖 탐학질을 저질렀다. 1351년 공민왕이 즉위해 반원 개혁 정책을 추진하자 반역을 꾀하기까지 했다. 이를 알게 된 공민왕은 1356년 궁중 연회를 베풀고 기철을 비롯한 역신을 불러들여 제거했다. 원 간섭기 동안 정작 백성을 괴롭힌 건 탄저균이 아니라 이런 인간 말종들이었다는 사실에 서글픈 분노가 치민다.

탄저균 폭탄과 백색 가루 테러

동서양을 막론하고 아주 오래전부터 탄저병이 인류에게 피해를 주었다는 사실은 코흐의 연구 성과가 가진 의미를 한층 더해준다. 그런데 안타깝게도 이런 신지식이 이내 최악의 시나리오로 악용되고 말았다. 제1차 세계대전(1914~1918)에서 독일군은 비저균과 함께 탄저균을 생물무기로 사용했다. 비저균은 이름 그대로 코鼻, 코 비점막에 염증疽, 등창 저을 일으킨 다음 온몸으로 퍼지는데, 이것에 감염되면 콧물을 많이 흘리고 폐가 약해진다.

동부 전선에서는 러시아로 향하는 루마니아산 양에 탄저균이나 비저균을 감염시켰다. 미국과 아르헨티나에 잠입한 요원들은 유럽행 배에 선적하기 위해 대기 중인 말에 비저균을 감염시켰다. 심지어 독일은 영국군의 주둔지에 페스트균이 들어 있는 폭탄을 투하했고, 이탈리아에서는 콜레라균을 사용한 것으로 알려졌다. 하지만 전쟁 중에는 자연히 감염병이 만연하기 때문에 생물무기 공격의 영향을 제대로 판단하기 어렵다.

제1차 세계대전이 끝나고 적군과 아군 구분 없이 불특정 다수에게 피해를 주는 화학무기와 생물무기의 무자비성과 함께 그 영향을 통제하고 예측하는 것이 불가하다는 점이 분명히 드러났다. 이에 1925년 생화학무기 사용을 금지하는 '제네바 의정서'에 총 28개국이 서명했다. 하지만 이들 나라 가운데 상당수는 사용 금지에는 동의하면서도 전쟁 억제와 자국 방어를 위해서 생화학무기가 필요하다고 생각했다. 그리하여 프랑스와 영국, 구소련 등 여러 국가가 극비리에 생화학무기 개발 연구를 진행했다. 무기 보유 자체를 금지하지 않은 협정의 구멍을 파고든 것이다. 심지어 일본과 미국은 제네바 의정서에 서명조차 하지 않았다.[30]

일본은 생물무기 개발에 박차를 가했다. 1928년부터 2년 동안 해외 생물무기 연구시설을 돌아보고 온 육군 장교 이시히 시로石井四郎는 제네바 의정서를 이용한 역발상으로 세균전을 위한 부대의 창설을 제안했다. 마침내 1937년에 일본 왕의 재가를 받아 현 하얼빈시 핑팡구에 세계 최초로 세균전 부대를 만들어 본격적인 연구를 시작했다. 악명 높은 731부대의 전신이다. 여기서 그들은 무고한 한국인과 중국인, 연합군 포로를 대상으로 탄저균 인체실험을 자행했다. 이 천인공노할 생체 실험으로 인한 사망자가 무려 1만 명이 넘는 것으로 추정된다. 극악무도하게 얻은 실험 결과는 실전 테스트로 이어졌다. 일본군은 음식과 식수원을 탄저균으로 오염시키거나 비행기에서 탄저균을 살포하는 방식으로 최소 11개의 중국 도시를 공격했다.

1942년 영국도 스코틀랜드 연안에 있는 그리니어드섬Gruinard Island에서 탄저균 생물무기 실험을 진행했다. 섬에 양 80마리를 풀어놓고 섬 상공에서 탄저균 폭탄을 떨어뜨렸다. 그 결과 양은 몰살되었고, 살포된 탄저균은 그 섬에서 계속 건재했다. 1986년 영국 정부는 포자를 포함하여 탄저균 박멸을 위해 포름알데히드를 섞은 해수를 온 섬에 1년 동안 비처럼 뿌렸다. 미생물학적으로 볼 때 박멸 여부는 미지수다.

미국 역시 1942년에 미시시피주와 유타주 실험장에서 탄저균 실험을 했고, 독일의 공격에 대비해 탄저균 폭탄을 5,000기 이상 준비했다. 이후 6·25 한국전쟁을 치르며 미국은 생물무기 프로그램에 생물무기 공격에서 인명을 보호할 수 있는 백신 및 치료법 개발을 포함했다.[31]

제네바 협정이 갈수록 무력해지자, 1969년 미국의 리처드 닉슨 Richard Nixon 대통령은 생물무기 사용 금지 정책을 선언했다. 이에 힘입어 1972년 세계 143개국이 비준한 '생물무기 협정Biological Weapons Convention, BWC'이 최종적으로 체결되어 오늘날에 이르고 있다. 그러나 생물무기의 위협은 여전히 존속하고 있다.

2001년 9월 11일, 미국 뉴욕 맨해튼에서 상상도 하지 못했던 끔찍한 대참사가 벌어졌다. 테러리스트 일당이 민간 여객기를 공중 납치해 세계무역센터 쌍둥이 빌딩에 충돌시킨 '9·11 테러' 사건이다. 거의 3,000명에 달하는 무고한 사람이 목숨을 잃었고, 부상자도 6,000명이 넘었다. 테러는 여기서 멈추지 않았다. 미국은 말할 것도 없고 전 세계가 테러의 충격에 휩싸여 혼비백산하던 중에 보이지 않는 테러의 공포가 엄습해왔다. 9·11 테러 직후 '백색 가루'가 동봉된 우편물이 미국 정부 주요 인사들에게 배달된 것이다. 이로 인해 스물두 명이 탄저병에 걸려 다섯 명이 사망했다. 다행히 탄저균 테러가 더는 확대되지 않았지만, 전 세계는 생물테러에 대한 경각심과 테러 예방의 중요성을 뼈저리게 깨달았다.

뉴욕 세계무역센터 건물 붕괴 후 우편으로 배달된 백색 가루의 정체가 바로 탄저균 내생포자다. 탄저균을 대량 배양하고 악의적으로 열악한 조건을 주어 내생포자를 만들게 한 다음, 이를 백색 가루로 제조한 것이다. 그저 생존을 위해 포자를 만드는 세균의 의도와는 전혀 무관하게 말이다. 지혜롭다는 뜻이 담긴 인간의 종명,

사피엔스sapiens가 무색해지는 행위였다. 오늘날 탄저병은 항생제로 어렵지 않게 치료할 수 있다. 그러나 치료 시기를 놓치면 패혈증이나 뇌수막염 등으로 이어져 생명을 잃을 수 있어 여전히 위협적인 감염병이다.

두 라이벌 과학자의 오해와 경쟁

1876년 독일의 시골 의사가 탄저병의 원인균을 밝혀내고 미생물 병원설을 입증했다는 소식은 세상을 놀라게 했다. 특히 당시 세균학 분야의 1인자로 꼽히던 파스퇴르에게는 놀라움이 분노로 바뀔 지경이었다. 이미 15년 전에 황제 앞에서 다짐했던 병원균 색출의 꿈을 자기보다 무려 스물한 살이나 어린, 게다가 원수 같은 독일인이 먼저 이루어버렸으니 그 심정이 어떠했을지 짐작이 간다. 모르긴 몰라도 파스퇴르는 코흐를 애송이로 여겼을 것이다. 아무튼 와신상담한 파스퇴르는 탄저병 치료 연구에 몰두했고, 1881년 마침내 탄저병 백신을 개발해 무너진 자존심을 어느 정도 세웠다.

소독 수술법이 널리 사용되면서 저명한 외과의가 된 리스터는 1881년 여름, 런던에서 열렸던 제7회 국제의학회에 코흐를 연사로 초빙했다. 파스퇴르도 그 학회에 참석했고, 거기서 이 두 거인의 첫 만남이 이루어졌다. 코흐는 자신이 개발한 미생물 배양법을(87쪽 참조), 파스퇴르는 탄저균 백신 개발 성과를 각각 소개했다. 첫 상견 례는 나름대로 화기애애한 분위기 속에서 진행되었다. 그런데 학회 직후에 코흐 연구진에서 미생물 배양 전문가의 자부심을 뽐내듯 이, 파스퇴르가 개발한 탄저병 백신의 순도가 의심된다는 부정적인 내용을 담은 논문을 발표했다. 이듬해인 1882년에 제네바에서 학 회가 열렸는데 이번에는 파스퇴르가 그 논문에 대해서 반론을 제 기했고, 청중석에는 코흐도 앉아 있었다.

파스퇴르는 프랑스어로 발표를 진행했다. 불어를 잘 모르던 코 흐는 듣는 내내 옆자리 교수에게 수시로 질문했다. 그러던 중 그 교수가 의도치 않게 통역 실수를 저질렀다. 파스퇴르가 자신의 백 신 연구를 비판한 코흐의 논문을 언급하면서 "독일의 문헌recueil allemand에 의하면"이라고 말했는데, 이를 "독일의 오만orgueil allemand 에 의하면"이라고 오역한 것이다. 이를 들은 코흐는 그렇지 않아도 좋지 않았던 감정이 화산처럼 폭발하고 말았다. 이 사건으로 두 거 인은 맞수에서 앙숙이 되어 서로에게만은 절대로 지지 않으려고 연구에 더욱 매진했다.

파스퇴르는 1885년에 '파스퇴르 연구소'를 세우고 초대 원장 자 리에 올랐다. 그리고 코흐는 1891년에 설립된 '프로이센 왕립 전염 병 연구소'의 초대 소장으로 임명되었다. 이 연구소는 1905년 코흐 의 노벨생리의학상 수상 이후로 '로버트 코흐 연구소'로 개칭했다.

이 두 라이벌 연구소는 유럽을 넘어 세계적으로 미생물 연구, 특히 감염병 연구를 선도해왔고, 21세기 감염병의 시대에 그 역할이 더욱 중요해졌다. 냉정하게 돌이켜보면 혁명과 전쟁으로 얼룩진 혼란의 시기에 두 적대국에 속한 과학자들의 치열한 경쟁이 인류를 감염병에서 구하는 원동력이 되었다. 파스퇴르의 말대로 과학에는 국경이 없다.

4____

은밀하고
음흉하게
역사 곳곳에
도사린 복병,
매독균

인류사 | 미생물사

콜럼버스 탐험대 귀환 — 1493

프랑스 국왕 샤를 8세 — 1494
이탈리아 원정

포르노보 전투 — 1495

병명 '성병' 탄생 — 1527

《지봉유설》 편찬 — 1614

일본 메이지유신 — 1868

1878 — 임질균 규명

1905 — 매독균 규명

1909 — 최초의 매독 치료제
살바르산 합성

1912 — 네오살바르산 합성

다소 예술적으로(?) 지구와 거기에 사는 모든 생물을 통틀어 '생태 극장에서 진화 연극을 공연 중인 배우'라고 표현할 수 있겠다. 지금 이 순간에도 개개의 극장(서식지)에서는 수많은 배우가 열심히 개성 있는 연기를 펼치고 있다. 이들이 열연하는 이유는 하나같이 똑같다. '자자손손 잘 먹고 잘살기(생존과 번식)' 위해서다. 흔히 동물의 3대 본능이라고 하는 식욕과 수면욕, 성욕도 결국 생존과 번식이라는 생물학적 목표 실현을 위한 것이다. 사람을 두고 번식이라는 단어를 쓰면 대부분 마뜩잖아할 테지만, 인간도 예외는 아니다.

　본능 표출에 있어 인간이 동물과 분명하게 다른 점이 하나 있다. 동물은 세 가지 본능을 스스럼없이 그대로 드러내지만, 인간은 그렇지 않다. 부담스러운 자리가 아니라면 "배고파", "졸려" 같은 말 정도는 그래도 자연스럽게 하지만 성 본능을 선뜻 표현하는 사람은 거의 없다. 대신 은밀하고 비밀스럽게 그 욕구를 채운다. 그리고 이것이 미생물에게는 희소식이 된다.

성욕이라는 원초적 본능은 미생물에게 번식 성공의 보증수표나 다름없다. 일단 여기에 편승해 누군가에게 침입하기만 하면 그다음부터는 탄탄대로가 열린다. 인류 역사상 가장 오래된 직업이 매춘이라는 말이 있을 정도로 사람 간에 그 긴밀한 접촉이 끊이지 않기 때문이다. 게다가 이로 인해 미생물 감염 증상이 나타나도 감추기 일쑤다. 발병 원인과 전파 경로를 알고 치료제가 있는 오늘날에도 인간 사회에 각종 성병이 여전히 만연하고 있는 주된 이유가 이것이다.

선사 시대부터 인류를 괴롭혀온 질병이지만 '성병'이라는 명칭은 1527년에 와서야 만들어졌다. 프랑스 의사 자크 드 베텐코트Jacques de Béthencourt는 당시 이탈리아에서는 '프랑스 병'으로, 프랑스에서는 '이탈리아 병'으로 불리던 괴질이 불순한 사랑에서 비롯되었다고 생각해서 '비너스 병Morbus Venereus'이라 명명했다. 여기서 '성병venereal disease'이라는 말이 유래했다.[32] 그런데 왜 프랑스와 이탈리아는 그 괴질에 상대국의 이름을 붙여 서로 손가락질했을까?

매독균에게 친절했던 친절왕 샤를 8세

프랑스 왕조의 계보를 살펴보면 별명을 가진 왕이 많은데, 개중에는 '대머리 왕(샤를 2세Charles II)'이나 '비만 왕(루이 6세Louis VI)'처럼 흥미롭다 못해 익살스러운 것도 있다. 왕의 공과나 특징을 함축했다고 하는데, 같은 이름에 숫자를 붙이는 왕명 탓에 역대 왕을 잘 구분하기 위해서 별칭을 사용했다는 설도 있다. 그런데 역사 비전문가의 눈에 다소 의아해 보이는 별명이 있다. 1494년 이탈리아 나폴리 정복 원정을 감행했던 샤를 8세가 어째서 '친절왕'이라 불리게 되었을까?

샤를 8세는 불타는 권력욕에 사로잡힌 루이 11세의 외아들로 다섯 살 코흘리개 시절부터 부왕의 대외정책 수단으로 이용되어 여러 사람과 정략결혼을 했다. 1483년 선왕 서거로 13세 어린 나이에 왕관을 쓰게 된 샤를 8세는 누이의 섭정을 받다가, 1491년 결혼과 함께 섭정을 벗어났다. 결혼 당시 14살 어린 신부 안 드 브르타뉴 Anne de Bretagne는 브르타뉴 공국의 군주였다. 1488년 아버지가 급사해서 권좌에 올랐는데, 프랑스로서는 결혼 동맹으로 브르타뉴를 완전히 병합할 수 있는 절호의 기회였다.

친절왕이라는 별명과 초상화에서 보이는 순진한 인상과는 달리 샤를 8세는 전쟁영웅을 꿈꾸고 여색을 좋아했다고 알려져 있다. 친정에 들어간 샤를 8세는 13세기에 프랑스의 앙주 가문이 차지했

샤를 8세

Charles VIII, 1470~1498

친절왕이라는 별명과
초상화에서 보이는 순진한 인상과는 달리
샤를 8세는 전쟁영웅을 꿈꾸고
여색을 좋아했다고 알려져 있다.

던 이탈리아 남부의 나폴리 왕국을 되찾겠다는 야심을 키웠다. 호시탐탐 기회를 엿보던 그에게 기회가 찾아왔다. 1494년 1월 나폴리 왕국의 군주가 사망하자 샤를 8세는 나폴리 왕을 자처하며 대군을 이끌고 이탈리아로 쳐들어갔다.

그 당시 이탈리아는 교황령과 도시 국가인 밀라노, 베네치아, 피렌체, 그리고 나폴리 왕국으로 나뉘어 있었다. 여전히 기마병과 궁수, 보병이 중심이었던 이들의 군대는 그 시대에 최신 무기였던 대포를 앞세운 프랑스 상비군 앞에서 거의 고양이 앞에 쥐 신세였다. 심지어 역사상 가장 타락한 교황으로 악명 높은 당시 교황 알렉산데르 6세Alexander VI는 정략적 차원에서 샤를 8세에게 지지 의사까지 표명했다. 프랑스군은 거침없이 진군해 밀라노와 피렌체를 거쳐 로마를 지나 1495년 2월 마침내 나폴리에 입성했다.[33] 그리고 거기서 전혀 예상치 못했던 환대(?)를 받았다.

나폴리는 군인이 아니라 여인들을 앞세워 프랑스군을 맞이했다. 물론 거기에는 숨은 의도가 있었다. 나폴리는 식량 부족을 핑계로 그 지역 매춘부를 중심으로 젊은 여성들을 겁박하여 프랑스군 진영으로 몰아냈다. 그 여인들 대부분이 괴질에 걸린 상태였다. 정복군은 이를 전혀 모르는 채로 환락을 즐겼다. 그리고 얼마지 않아 참혹한 대가를 치러야 했다. 병사들 사이에서 마치 한센병 같은 피부 질환이 생겨났다. 시간이 지나면서 사망자가 나오기 시작했고, 생존자도 심한 고통에 시달렸다. 그런데 이 괴질에는 한센병과는 분명히 다른 점이 하나 있었다. 모든 환자의 감염 징후가 항상 성기 주변에서 가장 먼저 나타난 것이다.[34]

샤를 8세가 희희낙락하는 동안 교황 알렉산데르 6세는 프랑스에 맞서기 위해 이탈리아 도시 국가들을 규합했다. 프랑스군을 호락호락 집으로 보내주지 않을 준비를 마친 것이다. 마침내 1495년 7월, 동맹군은 괴질에 걸리고 행군에 지친 프랑스군을 상대로 포르노보에서 일전을 치렀다. 서로 승리를 주장했지만, 자기기만에 불과한 공허한 외침이었다. 동맹군은 병력을 절반 넘게 잃었고, 프랑스군은 애써 획득한 전리품을 모두 버리고 가까스로 고향으로 돌아갔다.

천신만고 끝에 살아서 돌아온 프랑스 군인 상당수에 매독균이 올라타 있었다. 샤를 8세도 예외는 아니었다. 이제 매독균은 사람 가는 곳마다 함께하며 유럽 전역으로 퍼져나가게 되었다. 요즘 시쳇말로 'n차 감염'이다. 이때부터 프랑스 사람들은 매독을 나폴리 여인에게서 옮았다고 해서 '이탈리아(나폴리) 병'으로 불렀고, 반대로 이탈리아 사람들은 프랑스 군대가 가져왔다며 '프랑스 병'이라 불렀다. 대체 샤를 8세가 누구에게 얼마나 친절했는지는 모르겠지만, 미생물학의 관점에서 볼 때 일단 매독균에게는 제법 친절했던 것 같다.

천벌로 여겨진 병의 수많은 이름들

전 유럽으로 번지면서 매독은 새로운 이름을 계속 얻었다. 네덜란드에서는 '스페인 병', 폴란드에서는 '독일 병', 러시아에서는 '폴란드 병'으로 불렸다. 영국과 독일에서는 이탈리아와 마찬가지로 '프랑스 병'으로 통했다. 괴질을 퍼뜨린 책임을 묻는 이런 작명이 그 당시 매독의 전파 경로를 짐작게 한다. 환자 피부에 생기는 발진과 궤양이 천연두와 비교해 훨씬 더 크다고 해서 '큰 천연두greatpox'라는 이름도 붙었다. 15세기까지 서양에서 천연두는 그냥 'pox(물집을 뜻하는 중세 영어 'pokkes'에서 유래)'라고 불렸는데, 매독 출현 이후로 'smallpox'가 되었다.

1530년, 2장에서 소개한 '미생물 병원설'의 선구자 지롤라모 프라카스토로가 〈시필리스 또는 프랑스 병Syphilis sive Morbus Gallicus〉이라는 제목의 라틴어 시를 발표했다. 이 시에는 그리스 신화에서 아폴로 신의 저주를 받아 괴질에 걸리는 양치기 소년 시필리스가 등장하는데, 그 이야기는 다음과 같다.

태양신 아폴로가 양 떼에게 먹일 초목과 샘물을 마르게 하자 시필리스는 홧김에 이제부터는 아폴로가 아니라 왕을 숭배하겠다고 맹세했다. 이에 진노한 아폴로는 저주로 흉측한 병을 내리고 그 병명을 '시필리스'라고 했다. 왕을 포함하여 온 나라 사람이 병에 걸렸다. 이때 한 요정이 사람들에게 귀띔하기를, 양치기 소년 시필리스를 아폴로에게 제물로 바치고 헤라와 가이아에게도 정중히 예를 갖추라고 했다. 대지의 여신 가이아는 인간에게 유창목을 주었다. 프라카스토로 시대에는 유창목 수액을 매독 치료제로 썼다.[35]

시인이 소년의 이름을 병명으로 택한 이유를 정확히 알 수는 없다. 다만 그리스어 'sys돼지'와 'philos사랑할'가 합쳐진 이름을 라틴어로 옮긴 것이 'syphilis'임을 고려하면, 음란한 짓의 결과임을 암시하려는 의도라는 생각이 들기도 한다. 이렇게 만들어진 신조어 '시필리스syphilis'는 1700년대 초반부터 널리 쓰여 현대 영어에서 매독을 뜻하는 단어가 되었다.[36]

'매독梅毒'의 한자를 글자 그대로 풀면 '매화나무 독'이라는 뜻이다. 매독 환자의 피부에 헌데가 양매(소귀나무) 열매와 비슷하다고해서 중국에서 붙인 이름 '양매창楊梅瘡'에서 유래한 것으로 보인다.

우리나라에서 매독에 관한 가장 오래된 문헌은 《지봉유설》이다. 1614년(광해군 6년) 조선 중기 실학의 선구자 지봉芝峰 이수광은 세 차례에 걸친 중국 사신 행차 경험을 토대로 조선을 둘러싼 각국과 서양 지식까지 총망라한 대작을 편찬했다. 우리나라 최초의 백과사전식 저술로 총 20권 10책으로 구성되었는데 천문

양매나무 열매

지리, 관직 및 제도, 문학, 인물을 비롯하여 의식주, 동식물에 이르기까지 다양한 주제를 분야별로 분류해 서술했다.

《지봉유설》 17권 인사부人事部 질병 항목에 이런 기록이 있다. "천포창은 정덕년(1521년) 이후에 중국에서 전염되었는데, 중국에서도 이 질병은 예전부터 있지는 않았다. 이 질병은 서양에서 온 것이라 하는데, 훗날 전해진 질병 역시 많다." 조선에는 천포창 이외에도 면화창, 대마풍, 번화창 등 매독을 지칭하는 이름이 많았다. 특히 당창, 당옴, 광둥창 같은 병명은 이것이 중국에서 들어왔다는 것을 드러낸다. 일본에서도 1512년 교토에서 매독이 유행했을 당시 이를 '도가사(당창)'라고 불렀다. 규슈에서는 지금도 이 용어가 널리 쓰이고 있다.[37]

천벌로 여겨졌던 끔찍한 병마를 남 탓으로 돌려 원망하기는 동양이건 서양이건 매한가지이다. 매독균에게는 분명 우스꽝스러운 책임 전가 행태로 보일 것이다. 역사적으로 문란한 성생활은 매독의 절친이었기 때문이다. 이는 매독에 희생된 유명인의 면면에도 잘 나타난다.

자신의 욕정을 채우는 데 걸릴 게 없었던 권력자는 물론이고, 보헤미안적 삶을 살았던 작가와 예술가 가운데에도 매독 환자가 많았다. 알퐁스 도데Alphonse Daudet, 샤를 피에르 보들레르Charles-Pierre Baudelaire, 하인리히 하이네Heinrich Heine, 표도르 도스토옙스키Fyodor Dostievski 등은 매독을 앓은 작가의 일부일 뿐이다. 에두아르

마네Edouard Manet, 폴 고갱Paul Gauguin, 빈센트 반 고흐Vincent van Gogh, 프란시스코 고야Francisco Goya 같은 화가들과 볼프강 아마데우스 모차르트Wolfgang Amadeus Mozart, 루트비히 판 베토벤Ludwig van Beethoven, 로베르트 슈만Robert Schumann, 프란츠 슈베르트Franz Schubert 같은 작곡가들도 매독으로 고생한 것으로 추정된다. 서양 음악사를 따라오다 보면, 18세기를 지나 19세기로 접어들면서 바로크 양식을 벗어나 고전주의를 거쳐 낭만주의로 이어지며 절정을 치닫던 음악의 맥이 갑자기 끊어지는 모습을 보게 된다. 미생물학 렌즈를 통해 잡힌 그 시점이 공교롭게도 매독에 시달리던 악성들이 유명을 달리한 직후다. 매독균이 아니었다면 지금 우리는 훨씬 더 많은 클래식 명곡을 즐길 수 있었을지도 모르겠다. 보통 고매하게 여겨지는 철학자조차도 원초적 본능 앞에서는 똑같이 나약한 인간일 뿐이었다. 이들 가운데 가장 유명한 인물로 프리드리히 니체Friedrich Nietzsche와 아르투어 쇼펜하우어Arthur Schopenhauer를 꼽을 수 있다.[38]

아닌 척 뒤통수치는 음흉한 균

생물의 분류 단위 공식 명칭은 라틴어로 표기한다. 그리고 '속명'

과 '종명'을 마치 성과 이름처럼 사용해 '학명'을 부여한다. 우리 인간의 학명 '호모 사피엔스Homo sapiens'는 '지혜로운sapiens 사람homo'이라는 뜻을 담고 있다. 인간의 원초적이고 은밀한 본능에 올라타는 매독균의 학명은 '트레포네마 팔리덤Treponema pallidum'으로, 매독 원인균으로 확인된 1905년에 붙여졌다.

'꼬인 실'과 '희미하다'라는 그리스어에서 유래한 이름대로, 이 세균은 가는 코일 모양이고 보통 방법으로는 잘 염색되지 않는다. 매독균은 천천히 몸을 굽혔다가 펴면서 앞뒤로 운동하거나 나선 모양으로 회전운동을 한다. 와인 병따개가 코르크 마개를 파고드는 방식을 떠올리면 이해하기 쉽다. 이 덕분에 조직 침투가 쉽고 끈적한 조직액을 쉽게 헤엄쳐 다닐 수 있다. 이런 운동 능력의 비결은 매독균의 세포벽을 감고 있는 편모. 편모에 휘감긴 나선형 몸통을 외막이 감싼다. 세포벽과 외막 사이의 공간은 물보다 진한 액체(세포주변질)로 채워져 있다. 이런 환경에서 '세포주변질 편모'가 회전하면 그 동력이 전달되어 매독균 특유의 움직임이 시작된다.

매독균은 숙주에게 직접 위해를 가하는 독소 따위를 만들지 않는다. 대신 염증 면역 반응을 유도하는 여러 물질을 생산한다. 이것이 환자의 조직이 파괴되는 주된 원인이다. 아닌 척하면서 뒤로 호박씨 까는 격이다. 게다가 매독균은 감염과 거의 동시에 빠르게 혈류로 들어가, 세포주변질 편모를 한껏 가동하면서 더 깊은 조직으로 침투한다. 혈액에 들어온 매독균은 웬만해서는 면역계에 발

¶ Tractatus de pestilentiali Scorra siue mala de Franzos. Originem. Remedia ꝗ eiusdem continens.copilatus a venerabili viro Magistro Joseph Grunpeck de Burckhausen. sup Carmina quedam Sebastiani Brant vtriuſꝗ iuris profeſsoꝛis.

제바스티안 브란트, 〈매독〉 목판화(1496)

독일 출신의 풍자시인 겸 법학자
제바스티안 브란트는
아기 예수를 안고 있는 성모 마리아를
목판화에 새겼다.

각되지 않는다. 선천성 면역은 보통 병원성 미생물에 공통으로 나타나는 고유한 특징을 보고 공격한다. 이를 생물학 용어로 '병원체 관련 분자패턴pathogen-associated molecular pattern, PAMP'이라고 하는데, 미생물 표면에 있는 특정 구조물과 성분 따위다. 그냥 쉽게 '도깨비' 하면 떠오르는 뿔 정도로 생각하면 된다. 그런데 매독균은 특징을 드러내지 않는다. 일종의 스텔스 기능을 지닌 셈이다.

매독은 기본적으로 성관계를 통해 감염된다. 감염은 3단계로 진행되는데 단계마다 증상이 다르다. 매독균에 감염되고 평균 3주 정도 안에 성기 주변에 피부 궤양이 나타난다. 1기 매독이다. 궤양은 통증이 없고 한 달쯤 지나면 저절로 없어진다. 그러나 이 기간에 음흉한 매독균은 혈액과 림프로 들어가 온몸으로 퍼져나간다. 감염 후 서너 달이 지나면 2기로 진입하는데 이때부터는 피부 발진과 근육통, 눈에 염증 등이 나타나면서 탈모와 피로감을 동반한다. 이런 증상은 보통 3개월 안에 없어진다. 1, 2기 매독은 전염성이 높다. 유럽에서 처음으로 매독이 대유행한 1495년 직후에 제작된 예술 작품에도 이런 매독의 징후가 생생히 담겨 있다.

1496년 독일 화가 알브레히트 뒤러Albrecht Dürer는 온몸에 궤양이 생긴 용병의 모습을 유럽 최초로 목판화에 담았다. 같은 해 역시 독일 출신의 풍자시인 겸 법학자 제바스티안 브란트Sebastian Brandt는 아기 예수를 안고 있는 성모 마리아를 목판화에 새겼다. 여기서 예수는 온통 궤양과 농양으로 뒤덮인 매독 환자들에게 치료하려는

지 처벌하려는지는 그 의도는 알 수 없지만 빛을 쏘고 있다. 그리고 마리아는 막시밀리안 1세Maximilian I에게 왕관을 씌워주려 하고 있다. 막시밀리안 1세는 1495년 칙령을 공포해서 매독이 신성모독과 죄의 결과이고, 그로 인한 고통은 음란한 행위에 대한 형벌이라고 선언한 인물이다. 왕관 수여는 이에 대한 보상을 상징하는 듯하다.

1, 2기가 지나면 매독은 잠복기에 진입한다. 이 단계에서는 증상도 없고, 감염된 산모에서 태아로 전염되는 것을 제외하면 전염성도 거의 없다. 심지어 상당수는 치료 없이도 잠복기 이상으로 진행되지 않는다. 잠복기 동안 치료를 받지 않은 사람 중 약 3분의 1은 말기 매독으로 접어든다. 말기 매독은 주로 신경계(뇌)와 심혈관계에 심각한 문제를 일으킨다. 어쩌면 매독으로 인한 신경 쇠약이 샤를 8세의 어이없는 죽음의 숨은 원인일지도 모르겠다. 친절왕은 실내 테니스를 즐기던 중 기둥에 머리를 세게 부딪혀 머리가 깨져서 28살의 젊은 나이에 허망하게 세상을 떠났다.

끝나지 않은 기원 논쟁

1495년에 시작된 유럽의 매독 유행이 친절왕 샤를 8세의 이탈리아 원정에서 기원했다는 것은 역사에 기록된 사실이다. 그렇다면 그 시절 유럽인에게 매독은 풍토병이었을까, 아니면 불현듯 유입된 신종감염병이었을까? 이를 두고는 논쟁이 계속되고 있다.

최근까지 가장 널리 받아들여지고 있는 주장은 '신대륙 기원설' 이다. 이에 따르면 1493년 콜럼버스 탐험대가 귀환하면서 매독을 신세계에서 가지고 왔다. 이 주장은 당시 두 명의 스페인 의사가 남긴 문건에 기초한다. 귀환한 선원 가운데 난생처음 보는 병에 걸린 사람을 발견한 그들은 그 질병이 그때까지 알려진 바 없는 새로운 것이며 신대륙에서 걸려 온 것 같다고 기록했다. 실제로 콜럼버스가 신대륙을 발견하기 이전에 아메리카에 매독이 만연했음을 보여주는 증거가 꽤 있다. 그중 하나로 콜럼버스가 도착하기 전에 매장된 원주민의 유골에서 매독으로 추정되는 병변이 발견되는 경우가 많은 것을 들 수 있다.

반면 '유럽 내재설'을 주장하는 학자들은 매독뿐만 아니라 유사 매독 질환이 구세계와 신세계에 모두 널리 퍼져 있었는데, 대부분 한센병으로 오인되었다고 말한다. 사실 트레포네마 집안에는 매독 균 말고도 인간에게 감염병을 일으키는 형제, 즉 아종subspecies 셋 이 더 알려져 있다. 아종이란 같은 종에 속하는 균주 중 다른 종으로 나누기에는 너무 가깝고, 그렇다고 한 종으로 묶기에는 분명한 차이가 있는 무리를 가리킨다. 카라테움T. carateum, 페르테누이T. pertenue, 인데미컴T. endemicum은 각각 핀타pinta, 요스yaws, 베젤bejel을 유발한다. 세 가지 모두 성병은 아니고 열대지방에서 흔하다.

'열대백반피부염'이라고도 부르는 핀타는 피부에 여러 형태의 색소 이상이 나타나는 게 특징이다. 일주일에서 열흘 정도의 잠복기가 지나면 얼굴과 팔다리 등의 피부에 붉은 반점이 생기고 비듬처럼 각질층이 생겨 떨어진다. 시간이 지나면서 홍반이 전신으로 퍼지고 나중에는 청색이나 흑색 등 여러 색의 얼룩무늬가 생긴다. 핀타는 사람 간 접촉으로 전염된다. 찰과상이나 상처를 통해 감염되는 요스는 열다섯 살 미만의 어린이에게 주로 발병하고 만성적으로 재발한다. 2~6주의 잠복기를 거쳐 감염 부위가 솟아오르면서 점점 커지는데, 통증은 없고 병의 진행 경과에 따라 1~3기로 나눈다. 베젤도 주로 소아가 걸리는 감염병으로 풍토성(비성병) 매독이다. 성적 접촉이 아니라 직접적인 신체 접촉이나 생활용품 공동 사용을 통해서 간접적으로 전파된다. 보통 입안에 반점이 먼저 생기고 이어서 겨드랑이, 샅굴부위(서혜부) 및 직장 등에 집중적으로 나타난다.

유럽 내재설에 따르면 핀타는 약 1만 7,000년 전에 아프리카-아시아 지역에서 발생했으며, 동물 감염원이 있었다. 1만 2,000년 전쯤 돌연변이를 통해 핀타균에서 요스균이 나타난 것으로 보인다. 베젤균은 약 9,000년 전에 일어난 기후 변화(건조 기후의 출현)를 거치면서 요스균에서 진화한 것으로 추정한다. 유럽 내재설은 대략 5,000년 전 서남아시아에서 비성병 매독균으로부터 매독균이 나타났고, 이후 전 세계로 퍼졌다고 말한다. 또한 매독이 처음에는 그리 심하지 않은 질병이었는데, 여러 돌연변이를 겪으며 병원성이 증가했다고 한다. 이러한 유럽 내재설을 수정하여 제3의 주장을 개진하는 학자들도 있다.

세 번째 가설에 따르면, 트레포네마 가문의 세균은 이미 전 세계에 널리 분포하고 있었고, 이들이 일으키는 개개의 질병은 같은 감염의 변형이라는 것이다. 단지 지리적, 기후적 차이와 지역에 따라 다른 사회문화적 배경이 임상적 차이를 유발했을 뿐이라는 주장이다. 이 가설의 옹호자들은 콜럼버스가 항해하기 50년 전, 아프리카 풍토병이었던 요스가 노예무역으로 인해 이베리아반도에 들어와 그곳을 기점으로 확산했다고 말한다. 그들은 요스균이 고향과 다른 기후 환경에 적응하는 과정에서 변화를 겪어 다른 아종으로 진화했을 가능성을 점친다.

여기까지 살펴본 대로 세 가설 모두 매독의 기원을 명확하게 설명하지는 못한 채로 자기주장을 다소 아전인수식으로 강변하고 있다. 이런 와중에 2020년 유럽 공동 연구진이 새로운 과학적 증거를 발견했다.[39] 먼저 연구진은 핀란드와 에스토니아, 네덜란드 등지에서 비슷한 시기에 매독에 걸렸다고 의심되는 유골 아홉 구에서 매독균 DNA를 획득하는 데 성공했다. 이어서 이를 대상으로 유전자 분석을 진행하여 그 계보를 추적했다. 그 결과 유골에는 다양한 종류의 트레포네마균이 존재하는 것으로 밝혀졌다. 매독균은 물론이고 현재 열대 및 아열대 지역에 국한되어 발견되는 요스균을 비롯해, 심지어 현존하지 않는 균주도 발견되었다. 특히 일부 균주는 15세기 말 훨씬 이전에 이미 유럽에 존재했던 것으로 추정된다. 이러한 연구 결과는 콜럼버스 탐험대가 유럽에 매독을 퍼뜨린 주범이라는 의심에 제동을 건다. 하지만 콜럼버스가 혐의에서 완전히 벗어나려면 더 많은 시료 분석과 더 정확한 연대 측정이 필요하다.

나무 수액에서 살바르산까지, 매독 치료의 역사

유럽에서 매독이 처음으로 유행했을 때, 사람들은 이미 나름대로 매독을 치료하려고 시도했다. 신대륙을 발견한 유럽인은 원주민들이 유창목을 피부병 치료에 두루 사용하는 것을 보았다. 매독이 신대륙에서 유입되었다고 믿었던 그들은 우선 거기서 가져온 유창목 수액을 뽑아 농축해서 복용하거나 환부에 발랐다. 이 수액은 설사를 일으켜 수분을 과다 배출하게 하는데, 이것이 더러워진 피를 청결하게 하는 데 효과가 있다고 믿었다. 물론 과학적으로는 전혀 근거가 없는 소리다.

수은도 상당히 오랫동안 매독 치료에 사용되었다. 마법과 과학의 경계선을 넘나들고 의학과 화학의 기초를 닦은 파라켈수스 Paracelus가 수은 치료를 주장했던 초기 인물 가운데 한 사람이다. 그 당시 아랍에서는 한센병을 비롯한 여러 피부염 치료에 수은을 사용했고 이 치료법은 빠르게 주목을 받았다. 수은은 강력한 이뇨제로 다량 투여하면 소변을 자주 보고 땀과 침을 많이 흘리게 된다. 옛사람들은 이를 통해 나쁜 균이 몸에서 씻겨나갈 거로 생각했다. 안타깝지만 이 역시 과학적으로는 터무니없다.

수은 치료는 환부에 바르는 방식으로도 널리 시행되었다. 이때 보통 열기를 가했다. 프랑스 화가 자크 래니에Jacques Laniet가 1659년에 선보인 그림에 훈증기 안에 들어가 있는 사람이 묘사되어 있다. 훈증기 곁에는 '한순간의 쾌락, 1,000번의 고통'이라는 그 시절의 경구가 쓰여 있다. '금성(비너스)과 하룻밤, 수성(수은)과 평생'도 사람들에게 경각심을 주는 문구였다. 이처럼 그 독성을 알지 못한 채 수은을 이용한 매독 치료는 수백 년에 걸쳐 이어지다가 20세기 초반에 와서야 비로소 퇴출당했다.

코흐가 옛 은사의 연구실에서 탄저병의 인과관계를 설명했을 때 (89쪽 참조) 그 자리에 있던 비범한 의대생 파울 에를리히Paul Ehrlich는 특정 세균이 특정 질병을 일으킨다는 코흐의 말에 귀가 번쩍 뜨였다. 이후 코흐가 결핵균을 발견하자 에를리히는 병원균 사냥에 나서기로 결심하고, 1891년 코흐가 책임자로 있는 연구소에 합류했다. 에를리히는 의대생 시절부터 동물 조직 염색에 남다른 관

1909년 에를리히는
고진감래의 열매를 따는 데 성공했다.
606번째 실험에서 최초의 마법 탄환,
'화합물 606'을 합성해낸 것이다.

파울 에를리히
Paul Ehrlich, 1854~1915

심을 두었다. 염료 종류에 따라 염색되는 생체 부위가 달랐기 때문이다. 그는 이런 현상을 이용해 코흐가 발견한 결핵균의 염색법을 개선했고, 나아가서 특정 분자가 세포의 특정 수용체에 결합한다는 의견을 제시했다.

에를리히는 생각을 발전시켜 특정 조직만 착색하는 염료가 있다면, 인체 조직과는 결합하지 않고 미생물에게만 달라붙는 것도 있을 거로 확신했다. 이때부터 그는 환자에게는 해가 없고 병원균만을 죽일 수 있는 '마법 탄환magic bullet'에 대해 골몰하기 시작했다. 1896년부터 독립적으로 연구소를 운영하면서 에를리히는 여러 염료가 말라리아 병원체를 비롯한 기생체에 미치는 영향을 조사했다. 그러던 중 1905년에 매독균의 정체가 밝혀지자 그는 이 병원균도 연구 대상에 포함했다.

인체에 해가 없게 병원체만을 죽일 수 있는 화합물을 만들어내기로 한 에를리히는 밤낮없이 연구에 몰두했다. 표적 화합물을 하나씩 합성해 일일이 그 효과를 조사했다. 이렇게 손이 많이 가고 지루한 실험을 반복하던 중, 마침내 1907년 418번째 실험에서 오매불망하던 물질을 얻었다고 생각했다. 하지만 안타깝게도 일부 환자에게서 심각한 과민반응이 나타나 치료제로 사용할 수 없었다. 이에 굴하지 않고 그는 꿋꿋이 연구를 계속했다.

드디어 1909년 에를리히는 고진감래의 열매를 따는 데 성공했다. 606번째 실험에서 최초의 마법 탄환, '화합물 606'을 합성해낸 것이다. 에를리히는 매독에 걸린 토끼에게 화합물 606을 주사했고 놀라운 효과를 확인했다. 그는 같은 해, 큰 기대 속에 매독 말기 환자 50명에게 이 신약을 투여했다. 결과는 기적과도 같았다. 화합물 606은 '살바르산salvarsan'이라고도 불린다. '사람을 구한다'와 '비소를 뜻하는 영어 단어 'salvation'과 'arsenic'을 합친 말이다. 한순간 쾌락의 대가로 받았던 잔혹한 형벌에서 환자를 구해냈기 때문에 붙은 이름이다.

살바르산의 성공 신화를 써나가는 데에는 일본 과학자도 한몫했다. 쇄국 정책을 펴오던 에도 막부가 페리 함대를 앞세운 미국의 개항 강요에 굴복하고, 1854년 '미일 화친 조약'과 1858년 '미일 수호통상 조약'을 차례로 맺으며 문호를 개방했다. 이 두 조약은 각각 최혜국 대우와 치외 법권을 인정한 불평등 조약이었다. 이후 일본은 영국과 네덜란드, 러시아 등과도 비슷한 내용의 불평등 조약을 맺었다. 개항 후 막부의 굴욕적인 외교에 대해 일본인들의 비판이 거세어졌고, 1868년 결국 막부가 무너졌다.

새로 들어선 메이지 정부는 대대적인 개혁을 추진했는데(메이지 유신), 여기에는 서양식 교육 제도 도입과 미국과 유럽 등지에 유학생과 사절단을 파견하는 것도 포함되었다. 하타 사하치로秦佐八郎도 이러한 국가적 교육 개혁을 위한 노력의 하나로 에를리히 실험실에 파견되었다. 에를리히는 이 일본 유학생에게 화합물 606의 테스트를 맡겼다. 바로 하타가 실험용 토끼 모델을 만들어서 살바르산 효

과를 검증한 장본인이다.[40]

에를리히는 살바르산 일부를 중학교 동창생인 친구이자 당시 성병 치료 연구에 열중하던 의사 알베르트 나이서Albert Neisser에게도 보냈다. 나이서는 당대의 권위 있는 학술지에 살바르산의 효과를 좋게 평가한 논문을 발표했다.

참고로 나이서는 또 다른 성병인 임질 원인균을 최초로 규명한 학자다. 1878년 임질 환자에게서 최초로 원인균을 분리하였고, 1879년 자기 이름을 딴 속명을 붙여 임질균, '나이세리아 고노리애Neisseria gonorrhoeae'로 보고했다. 종명은 임질을 뜻하는 'gonorrhea'에서 유래했다. 임질은 아주 오래전부터 알려진 질병이었고, 그 이름도 기원전 150년에 고대 그리스 의사 갈렌Galen이 이미 명명했다. 고대 그리스어로 '곤gon'은 정액, '리아rhea'는 흐름을 뜻하는데, 갈렌이 고름을 정액으로 혼동했던 것으로 보인다.

한편 살바르산의 사용이 늘어나면서 부작용 사례도 늘어났다. 그리고 애꿎은 에를리히에게 비난의 화살이 쏟아졌다. 매독을 부도덕함과 문란함에 대한 신의 징벌이라고 여겨 치료제 개발 자체를 반대했던 사람들의 비난은 더욱 거셌다. 이번에도 에를리히는 굴하지 않고 부작용의 원인을 규명해 1912년 화합물 912, '네오살바르산neosalvarsan'을 합성하는 데 성공했다. 이 마법의 탄환은 전 세계로 퍼져나가서 수많은 사람을 구했으며, 1940년대에 '페니실린'이라는 신무기가 나오기 전까지 병원균과의 싸움에서 그 위력을 발휘했다. 여기에 대해서는 6장에서 다루겠다.

1821년 독일 베를린에서 〈마탄의 사수〉라는 오페라가 초연되었다. 사랑하는 여인과 결혼하기 위해서는 사격 대회에서 우승해야만 하는 사냥꾼의 순애보를 다룬 작품이다. 주인공은 나쁜 친구의 간교한 술수에 빠져 악마에게 영혼을 팔고, 겨눈 것을 모두 맞힐 수 있는 마법의 탄환, 줄여서 마탄魔彈 일곱 발을 받는다. 사격 대회에서는 백발백중이지만, 마지막 총알의 희생자가 사랑하는 여인이 될 거라는 흉계를 모른 채 말이다. 다행히 탄환은 음모를 꾸민 친구에게 극적으로 명중한다.

오페라의 주인공은 악마가 하룻밤 만에 만들어준 마법의 탄환을 썼다. 현실 속 에를리히는 수년에 걸친 각고의 노력 끝에 자신이 만든 과학의 탄환으로 매독균을 정확히 맞혔다. 에를리히야말로 진정한 '마탄의 사수'가 아닐까?

국어사전을 보면 성병을 주로 불결한 성행위 때문에 전염되는 병이라고 설명하고 있다. 하지만 성적인 접촉 이외에도 수혈 또는 감염자의 임신 및 모유 수유 등도 전염 경로로 알려져 있다. 1975년부터는 WHO가 권고한 '성매개감염병sexually transmitted disease, STD'이 공식 용어로 사용되어 오다가, 점차 '성매개감염sexually transmitted infection, STI'으로 바뀌는 추세다. 질병이라는 개념은 명백한 징후와 증상을 포함하는데, 성매개감염은 별다른 증상 없이 전염력을 가지고 있기 때문이다.

우리나라를 비롯해 전 세계적으로 매독을 비롯한 성매개감염 발생이 매년 증가세를 나타내고 있다. 2017년 질병관리본부가 국회에 제출한 자료에 따르면, 1기 매독 환자는 2012년 562명에서 2016년 1,067명으로, 2기 매독 환자는 2012년 199명에서 2016년 481명으로 증가했다. 매독균은 '절대 기생체'다. 다시 말해서 생존에 필요한 여러 물질을 전적으로 숙주에서 얻어야 하므로 숙주 밖에서는 살 수가 없다는 얘기다. 우리로서는 다행이다. 건전한 성생활을 하면 매독 감염 위험을 대부분 차단할 수 있으니 말이다. 성매개감염 예방과 퇴치를 위해서는 무엇보다도 건전한 성문화를 조성해야 한다. 그리고 만약 감염이 의심된다면 즉시 검사를 받아야 한다. 감염 확인이 빠를수록 치료 관리도 수월해지고, 전염을 예방할 수 있다.

5

제1차 세계대전 참전 미생물, 발진티푸스균과 독감 바이러스

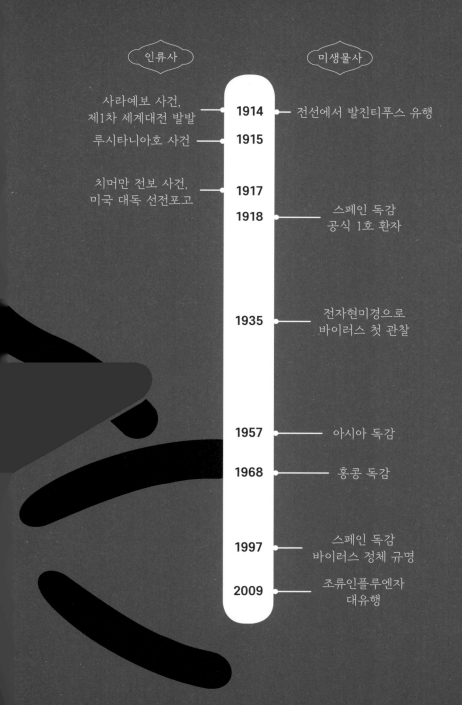

인류사		미생물사
사라예보 사건, 제1차 세계대전 발발	**1914**	전선에서 발진티푸스 유행
루시타니아호 사건	**1915**	
치머만 전보 사건, 미국 대독 선전포고	**1917**	
	1918	스페인 독감 공식 1호 환자
	1935	전자현미경으로 바이러스 첫 관찰
	1957	아시아 독감
	1968	홍콩 독감
	1997	스페인 독감 바이러스 정체 규명
	2009	조류인플루엔자 대유행

인간이 전쟁을 벌이면 미생물은 신이 난다. 새로운 서식지 개척, 즉 감염 기회가 크게 늘어나기 때문이다. 부상으로 생긴 상처와 제대로 먹지 못하고 스트레스로 저하된 면역 기능은 성을 에워싼 적군에게 성문을 열어주는 격이다. 현대 미생물학이 태동할 무렵 터진 제1차 세계대전을 겪으며 의사와 미생물학자들은 이런 엄혹한 현실을 직시하게 되었다.

19세기 후반 식민지 확보 경쟁이 치열해지면서 유럽 열강은 각국의 이해관계에 따라 합종연횡했다. 1882년 독일은 프랑스를 고립시키고자 오스트리아-헝가리 제국 그리고 이탈리아와 3국 동맹을 맺었다. 프랑스와 영국은 이에 맞서 1907년 러시아를 끌어들여 3국 협상을 체결하면서 독일의 팽창을 견제했다. 이런 와중에 발칸반도에서 위기감이 고조되었다. 오스만 제국의 쇠퇴로 발칸반도의 여러 민족이 독립하자 러시아는 범슬라브주의를, 독일과 오스트리아-헝가리 제국은 범게르만주의를 내세우며 발칸반도에서 세력을 확대했다.

발칸반도에서 대립과 충돌이 심해지는 가운데, 1914년 6월 28일 보스니아를 방문한 오스트리아-헝가리 제국의 황태자 부부가 세르비아 청년에게 암살당하는 '사라예보 사건'이 터졌다. 이에 오스트리아-헝가리 제국이 세르비아에 전쟁을 선포하자 러시아는 세르비아 편을 들었고, 독일은 오스트리아-헝가리 제국을 지지했다. 이러한 제국주의 국가 간 대립은 결국 제1차 세계대전이라는 인류 대참사로 번지고 말았다.

제1차 세계대전에는 그동안 발달한 과학 기술이 만들어낸 다양한 신무기들이 일제히 등장했다. 전차를 필두로 전투기와 잠수함은 육·해·공 모두를 격렬하고 거대한 전장으로 만들어버렸다. 여기에 기관총과 수류탄 같은 신형 개인화기까지 가세해서 이전 전쟁에서는 가히 상상할 수 없었던 엄청난 인명 피해를 냈다. 4년 남짓한(1914.7.28~1918.11.11) 전쟁에서 군 전사자 수만 무려 900여만 명에 달했고, 2,300만 명 이상의 장병이 부상했다. 그리고 그 가운데는 총칼을 든 적군뿐만 아니라 보이지 않는 적들로 인한 사상자도 상당했다.

보이지 않는 적의 공격

세르비아가 최후통첩을 거부하자 오스트리아-헝가리 정부는 1914년 7월 28일 오전 11시 정식으로 선전포고하고, 오후 1시에 포문을 열었다. 황태자 부부가 참변을 당하고 정확히 한 달 만에 전쟁이 시작된 것이다. 세르비아의 도시를 향한 집중 포격으로 국가 기반시설이 파괴되고 사람들은 거리로 내몰렸다. 세르비아에 거주하는 오스트리아인 가운데 적어도 2만 명이 포로로 잡혔다. 군의관을 비롯하여 의료진이 군에 차출된 탓에 민간 의료 체계는 붕괴 수준에 이르렀다. 이런 상황에서 영양실조와 과밀, 비위생적인 환경은 '발진티푸스균'에게 신작로를 열어주었다. 1914년 11월, 난민과 포로들 가운데 '발진티푸스typhus fever'가 처음 발병했고, 그 후 군인들 사이로 빠르게 퍼져나갔다.[41]

발진티푸스에 걸리면 잠복기(1~2주) 이후에 두통, 오한, 발열, 허탈, 전신 통증 따위의 증상이 나타난다. 4~5일 더 지나면 작고 붉은 발진이 상체에서 시작해 전신으로 퍼진다. 의식장애, 헛소리, 환각 등 중추신경에 관련된 이상 증상이 나타날 수 있고, 발열기에는 맥박 증가, 혈압 저하 등의 순환기 장애가 나타난다. 대부분 2주 후에는 열이 내리고 상태가 빠르게 좋아진다. 그러나 회복이 느려지면 망상과 혼수에 빠지거나 심장 기능 장애로 사망에 이르기도 한다.

발진티푸스는 줄여서 '티푸스'라고도 부르는데, '혼미하다'라는 뜻의 그리스어 'typhos'에서 유래했다. 장티푸스typhoid fever와 이름이 비슷해서 자칫 같은 병으로 오해하기 쉬운데, 장티푸스는 '살모넬라'라는 전혀 다른 세균이 창자에 들어가 일으키는 감염병이다 (9장 참조).

발진티푸스균의 공식 이름(학명)은 '리케차 프로와제키Rickettsia prowazekii'다. 1916년 브라질 출신의 내과 의사 겸 병리학자 엔히키 다 로차 리마Henrique da Rocha Lima가 이 병원균을 최초로 발견했다. 리마는 자신과 함께 연구하다 유명을 달리한 동료 스타니스라우스 폰 프로와제크Stanislaus von Prowazek와 역시 리케차 연구 중에 사망한 미국 미생물학자 하워드 리케츠Howard Ricketts를 기리는 작명을 했다.

전쟁 발발 1년 만에 발진티푸스는 15만 명의 목숨을 앗아갔다. 이 가운데 약 5만 명은 세르비아에 감금된 포로였다. 심지어 세르비아의 의사들조차도 세 명에 한 명꼴로 비운을 피하지 못할 정도로 발진티푸스는 사람을 가리지 않고 맹렬히 위세를 떨쳤다. 감염으로 인한 사망률이 60~70%까지 치솟는 상황에서 독일-오스트리아 동맹군은 감히 세르비아로 진격할 수 없었다. 대신 자기 진영에서 발진티푸스 징후를 보이는 사람을 격리하고 병영 방역에 온 힘을 다했다. 우선 발진티푸스를 옮기는 이를 없애기 위해 개인위생 기준을 강화하고 병사들의 군장을 소독 가스로 처리했다.

러시아 전선 상황은 더 심각했다. 발진티푸스균은 제1차 세계
대전이 발발하기 훨씬 전부터 러시아에 이미 잠복해 있었다. 전쟁
전에 만 명당 1.3명이던 발진티푸스 사망률이 1915년에는 만 명당
23.3명으로 치솟았다. 군대의 이동과 피난민 행렬을 따라 발진티푸
스는 빠르게 퍼져나갔다. 1917년, 현대 역사상 가장 큰 발진티푸스
유행이 전쟁과 기근으로 이미 황폐해진 러시아를 휩쓸었다. 1921년
까지 지속한 대유행 기간에 러시아인 약 2,000만 명이 감염되었고,
이 가운데 무려 300만 명 정도가 숨졌다.

사람에 기생하는 이에는 머릿니와 몸니, 사면발니 이렇게 세 종
류가 있다. 각각 머리카락과 음모에 사는 머릿니와 사면발니와는
다르게 몸니는 인체에 상주하지 않고 피를 빨 때만 잠시 머문다.
바로 이때 발진티푸스를 옮긴다. 티푸스균에 감염된 몸니는 흡혈하
면서 배설도 하는데, 몸니 분변에 티푸스균이 들어 있다. 물린 부
위가 가려워 긁으면 흔히 상처가 나게 되고, 이를 통해 티푸스균이
침입해 감염을 일으킨다. 티푸스균은 마른 변에서도 며칠 동안 살
수 있어서 전염성이 상당히 높다. 따라서 발진티푸스를 예방하는
최선책은 이 박멸이다.

한편 서부 전선에서는 독일이 빠르게 진격하다 마른 전투에서
프랑스에 패배하고, 교착 상태에 빠졌다. 양측은 '참호trench'를 구축
하고 장기간 대치하며 공방을 이어갔다. 하루 이틀도 아니고 기약
없는 참호 생활 그 자체만으로 장병들은 지치고 병들어갔다. 좁은

흙 도랑 안에서 온갖 악천후에 노출되는 상황에서 정상적인 몸 상태를 유지하는 것은 애당초 불가능한 일이었다. 그나마 신형 군복 '트렌치코트trench coat'가 보급되어 참호 속 군인들이 추위를 견디는 데 도움을 주었지만 거기까지였다. 오늘날 봄가을 멋쟁이 패션으로 자리 잡은 외투의 유래는 이렇게 생존을 위한 것이었다.

잦은 비로 물이 흥건한 참호 안에서 오랫동안 정적으로 지내다 보니 젖은 발에 혈액 순환 장애가 겹쳐 동상과 비슷한 증세가 나타났다. 소위 '참호족trench foot'이라는 질병이다. 참호족이 곧 감염병은 아니지만, 이로 인한 상처로 곰팡이를 비롯한 미생물이 감염하면 궤양이 생긴다. 제때 치료받지 못하면 발이 썩어서 절단 수술을 받아야 했고 심하면 목숨을 잃었다.[42]

서부 전선에서는 발진티푸스가 발생하지 않았다. 몸니는 만연해 있었지만 티푸스균에 감염된 몸니는 아니었기 때문이다. 그렇다고 해서 감염병이 없었다는 말은 아니다. 발진티푸스와 비슷하면서 증세가 약한 감염병이 새롭게 확인되었고, 이를 '참호열trench fever'이라고 불렀다. 역시 몸니를 매개체로 삼는 세균 '바토넬라 퀸타나Bartonella quintana'가 참호 속 군인들을 공격했다. 비위생적이고 밀집된 환경에서 지내는 것은 미생물에게 '날 잡아 잡숴' 하고 기다리는 일과 같다.

미 군함에 무임승차해 참전한 미생물

1914년 제1차 세계대전 발발 당시 미국은 외형상 중립을 표방하며 전쟁에 개입하지 않았다. 그러나 1년이 채 지나지 않은 1915년 5월 7일, 미국 입장을 한쪽으로 기울게 하는 '루시타니아호Lousitania 사건'이 발생했다. 비운의 이 영국 여객선이 독일의 무제한 잠수함 작전으로 격침되어 승객과 선원 1,957명 가운데 무려 1,198명이 희생된 참사였다. 미국인 사망자는 128명이었다. 미국 내에서 참전 여론이 불붙기 시작했다. 그런데 독일이 여기에 기름을 붓는 우를 범하고 말았다.

1917년 1월 16일 독일 외교부 장관 아르투르 치머만Arthur Zimmermann은 멕시코 주재 독일대사에게 암호문을 타전했다. 멕시코가 미국을 공격한다면 미국에 빼앗긴 모든 영토를 되찾게 해주겠다는 게 핵심 내용이었다. 미국이 중립을 포기하고 연합군으로 참전할 경우, 멕시코를 동맹으로 끌어들여 미국을 견제할 심산이었다. 행운의 여신은 미국 편이었다. 영국군이 이 암호문을 가로채 해독해서 미국 정부에 알린 것이다. 이른바 '치머만 전보 사건'은 3월 1일 자 신문 머리기사를 장식했다.

1917년 4월 6일, 마침내 미국은 연합국의 일원으로 독일에 선전포고했다. 일단 포문은 열었지만 미국은 당장 참전할 수 있는 처지가 아니었다. 당시 미군 병력은 약 13만 명에 불과했다. 미국은 파병을 위해 징병제를 도입해 신병을 모집하고 반년 남짓한 훈련을 마친 후, 1918년 5월부터 서부 전선에 병력을 보냈다. 그런데 이때 미군과 함께 참전한 미생물이 있었다.

1918년 3월 4일, 미국 캔자스주 소재 펀스턴 기지Camp Funston에서 취사병으로 복무 중이었던 한 병사가 기침과 두통, 고열로 몸져 누웠다. 소위 '스페인 독감' 공식 1호 환자다. 3주 만에 1,000여 명의 병사가 입원했고, 수천 명이 독감에 걸렸다. 이후 여름까지 같은 기지에서 다섯 차례 더 독감이 발생했는데, 공교롭게도 대규모 신병 입소와 시기가 겹쳤다. 펀스턴 기지에서 시작된 독감은 이내 다른 미군 기지로 전파되었고, 군함을 타고 대서양을 건넜다.[43]

미 군함에 무임승차해 유럽으로 건너간 독감 바이러스는 이내 '팬데믹pandemic'으로 번져 1920년 4월까지 2년여 동안 5억 명 이상을 감염하고 5,000만 명이 넘는 생명을 앗아갔다. 팬데믹이란 WHO가 발령하는 감염병 경보 단계 중 최고 위험 등급인 6단계를 말하는데, '감염병의 세계 유행'을 의미한다. 팬데믹은 빼앗긴 조선 들녘에도 들이닥쳤다. 1918년 가을에 만주를 거쳐 들어온 독감은 11월부터 조선에 큰 피해를 주었다. 총 758만 8,000여 명이 감염되어 약 14만 명이나 목숨을 잃었다. 당시 조선 사람 절반이 독감에 걸려 거의 100명에 두 명꼴로 사망했다는 충격적인 통계수치다. 그나마 11월부터 유행이 잦아들었지만, 독감은 1919년 정월에 다시 고개를 들어 감염자 약 43만 명에 사망자 4만 3,000명이라는 추가

피해를 일으켰다.[44]

제1차 세계대전 당시 병영과 참호에서 스페인 독감으로 전사한 군인만도 10만 명이 넘었다. 이것이 연합군이 승기를 잡는 계기가 되었다는 일부 의견도 있다. 미생물학의 관점에서 냉정하게 보면, 아군과 적군을 가리지 않는 감염병이 어느 한쪽에 유리하게 작용했다는 판단은 승자의 결과론적 해석으로 보인다. 참고로 1918년 9월 15일부터 11월 15일까지 프랑스 서부 전선에서 벌어진 '뫼즈-아르곤Meuse-Argonne 공세'에서 가장 많은 독감 희생자가 나왔다. 이 기간에 미군 100만 명 이상이 독감에 걸렸다.[45]

한 가지 분명한 사실은 스페인은 억울하다는 것이다. 이미 살펴본 바와 같이 현재까지 알려진 기록에 따르면, 독감 피해를 봤다는 사실 말고는 스페인이 이 악명 높은 감염병 이름에 엮일 이유가 없다. 스페인은 제1차 세계대전에 참전하지 않았다. 그래서 치열한 전쟁을 치르는 나라에서처럼 언론 검열이 심하지 않았다. 이 덕분에 스페인 신문은 독감 관련 기사를 마음껏 실을 수 있었다. 이로 인해서 그 당시 '독감' 하면 스페인을 떠올리게 된 것이다. 정작 그 당시 스페인에서는 이를 '프랑스 독감'이라고 불렀는데도 말이다.

사실 스페인 독감 말고도 감염병 또는 병원체의 이름에 지역명이 붙은 사례는 많다. 예컨대 에볼라 바이러스와 한타바이러스는 각각 최초로 분리된 에볼라강과 한탄강에서 따온 이름이다. 이처럼 과거에는 병원성 미생물에 처음 발견된 곳의 이름을 붙이는 경우가 많았다. 이로 인해서 해당 지역이 쓰게 될 무고한 오명을 간과한 채로 말다. 이에 2015년부터 WHO가 나서서 새로 발견된 병원체를 명명할 때 지역명을 피하고 과학적으로 타당하고 사회적으로 수용할 수 있는 이름을 부여할 것을 강조하고 있다. 이런 맥락에서 스페인 독감 대신 '1918년 인플루엔자'를 사용하자는 주장이 힘을 얻고 있다.

바이러스 탐정의 1918년 인플루엔자 추적기

1918년 인플루엔자는 25개월 동안 네 차례 대유행을 일으키다가 1920년 봄을 지나며 일단 잠잠해졌다. 코흐가 병원균 규명 원리 및 배양 방법을 정립한 지 20년이 넘게 지난 시점이다. 그런데 의아하게도 참혹한 피해 상황만이 알려졌을 뿐 정작 그 병을 일으킨 병원체에 대해서는 밝혀진 게 거의 없었다. 과학자들이 무능하거나 태만해서가 아니었다. 아직 '바이러스'라는 이름조차 없었던 시절이었기 때문이다.

바이러스의 존재에 대한 의구심의 발단은 1883년으로 거슬러 올라간다. 그 해에 독일 과학자 아돌프 마이어Adolf Mayer가 병든 담뱃잎에서 추출한 수액을 건강한 잎에 문지르면 병이 옮겨진다는 사실을 발견했다. 이로부터 9년이 지난 1892년에 러시아 생물학자 드미트리 이바노프스키Dimitri Iwanowski는 병든 담뱃잎에서 짜낸 수액을 세균을 거를 수 있는 필터로 여과하더라도 여전히 병을 일으키는 인자가 남아 있다는 논문을 발표했다. 몇 년 후 네덜란드 출신 마르티누스 베이제린크Martinus Beijerinck는 여과된 수액 속 병원성 인자가 증식할 수 있다는 사실을 발견하여, 이것이 독소에 의한 감염은 아니라는 사실을 밝혀냈다.

베이제린크는 증식 능력이 있는 이 병원성 인자가 세균보다 훨씬 더 작고 단순할 것이라는 가설을 세웠고, 이 때문에 그는 훗날 바이러스라는 새로운 존재에 대한 개념을 최초로 소개한 과학자로 인정받게 되었다. 그러나 그 당시 현미경으로는 이를 볼 수 없었던 까닭에 이런 병원성 인자를 '감염성 액체contagium vivum fluidum'라고 기술했다. 1930년대에 이르러 이를 라틴어로 독을 뜻하는 '바이러스virus'라 부르기 시작했고, 마침내 1935년 미국의 화학자 웬들 스탠리Wendell Stanley가 그 무렵 발명된 전자현미경을 이용해 이 병원성 인자의 실체를 확인했다. 인류가 발견한 1호 바이러스, '담배모자이크 바이러스tobacco mosaic virus, TMV'다.

1951년 스웨덴 출신 미국 미생물학자 요한 홀틴Johan Hultin이 역사 속에 묻힌 1918년 인플루엔자 바이러스를 찾아 나섰다.[46] 이 25살 대학원생이 향한 곳은 알래스카에 소재한 작은 바다 마을 브레비그 미션이었다. 오늘날에도 주민이 400명 정도밖에 안 되는 이 마

인류가 발견한 1호 바이러스, 담배모자이크 바이러스

tobacco mosaic virus, TMV

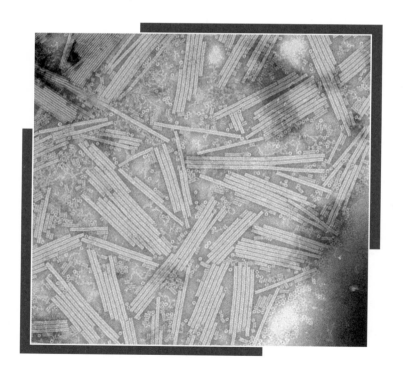

을에 1918년에는 약 150명이 살았다. 대부분 이누이트 원주민이었다. 1918년 인플루엔자의 위세는 이 동토에까지 미쳤다. 개 썰매로 오가던 만물상에 묻어왔다는 말도 있고 집배원이 전하는 소식과 함께 들어왔다는 추측도 있는데, 중요한 건 성인 거주자의 대부분인 72명이 목숨을 잃었다는 사실이다. 지방정부는 희생자들을 마을 근처 언덕에 함께 매장하고 그 위에 하얀 십자가를 세웠다.

홀틴은 그 영구동토 공동묘지에서 1918년 인플루엔자 바이러스의 흔적을 찾을 수 있다고 믿었다. 영하의 기온에서 시신이 냉동 상태로 보관된 거나 마찬가지였기 때문이다. 그는 1951년 마을 어른들의 허락을 받아 묘를 개장했다. 불을 피워 꽁꽁 언 땅을 녹이며 며칠 동안 발굴 작업을 진행한 끝에 어린 소녀의 시신이 보였다. 파란색 드레스와 빨간 머리띠도 그대로였다. 홀틴은 시신 네 구를 더 발굴해 폐 조직 시료를 채취했다. 아이오와 주립 대학교 실험실로 돌아온 홀틴은 달걀에 시료를 주입해 바이러스 배양을 시도했다. 그러나 실험은 완전한 실패로 끝났다.

거의 반세기가 지난 1997년, 홀틴에게 두 번째 기회가 찾아왔다. 미군 병리학연구소 연구진이 '스페인 독감 바이러스 유전자 분석'이라는 제목으로 저명한 학술지 〈사이언스Science〉에 발표한 논문[47]이 그의 눈길을 사로잡았다. 1918년 9월 20일, 미군 병사가 독감과 폐렴 진단을 받고 입원한 지 엿새 만에 사망했는데, 당시 군 의료진이 그의 폐 조직 일부를 연구 목적으로 보존했다. 그리고 79년 후,

후배 과학자가 이 시료에서 문제의 바이러스 유전물질을 추출해서 특성을 파악하는 데 성공한 것이다. 그 결과 'A형 인플루엔자 바이러스'로 판명되었다.

인플루엔자 바이러스는 크게 네 종류(A, B, C, D)로 나눈다. 이 가운데 A형이 감염성과 병원성 면에서 선두 주자다. A형 바이러스의 자연 숙주는 야생 철새로 알려져 있으며, 변이를 통해 조류에서 포유류로 넘어온 것으로 추정한다. A형과 함께 B형 바이러스가 계절 독감을 주로 일으킨다. C형과 D형은 보통 소와 돼지, 개 등을 감염하며 A형과 B형보다 병원성과 발생빈도가 훨씬 낮다.

〈사이언스〉에 실린 논문을 읽은 홀틴은 '2차 동토 공동묘지 발굴 계획'을 세웠다. 먼저 논문 저자에게 연락해서 자기가 알래스카에서 1918년 인플루엔자 희생자의 폐 조직 시료를 가져오면 함께 연구할 의사가 있는지 물었다. 대답은 "예스yes"였다. 일주일 후 홀틴은 탐험을 떠났다. 고희를 넘긴 노학자는 다시 한번 발굴 허가를 받고, 이번에는 사람을 고용해서 작업했다. 발굴 닷새째, 20대 중반에 유명을 달리한 것으로 보이는 여성의 시신이 모습을 드러냈다. 홀틴은 그녀의 폐에서 시료를 채취하여 미군 병리학연구소로 보냈다. 그리고 열흘 뒤, 1918년 인플루엔자 바이러스가 맞다는 반가운 전화를 받았다. 이로써 홀틴은 시작한 지 46년 만에 성공적으로 연구를 마무리했다. 이후로 홀틴의 이름 앞에는 '과학계의 인디아나 존스'라든가 '바이러스 탐정' 같은 수식어가 따라다녔다.

1918년 인플루엔자의 후손들과 팬데믹

1918년 인플루엔자는 물러갔지만, 그 후손들이 지난 세기 동안 전 세계적으로 거의 모든 계절 독감을 일으켰다. 1957년 아시아 독감과 1968년 홍콩 독감 그리고 2009년 조류인플루엔자AI 팬데믹 모두 이들 소행이었다. 이미 언급한 대로 바이러스는 전자현미경으로만 관찰 가능한 초미세 입자다. 인플루엔자 바이러스 A형은 길이가 다른 여덟 개의 RNA 조각을 단백질 껍데기 안에 가지고 있다. DNA와 함께 핵산을 이루는 RNA는 모든 생물의 세포에서 DNA에 있는 유전정보를 읽어내 단백질을 만드는 데 관여한다. 그런데 일부 바이러스는 DNA 대신 RNA를 유전물질로 가지고 있다. 그리고 이를 다시 기름(지질)막이 싸고 있는데, 여기에 박힌 두 가지 단백질 돌기, 'HA'와 'NA'가 미생물학적, 의학적으로 매우 중요하다. HA와 NA는 각각 '적혈구응집소'와 '뉴라민분해효소'로 번역되는 'hemagglutinin'과 'neuraminidase'의 약자다. 궁금해할 독자를 위해 소개는 했지만, 이런 전문 용어에 신경 쓸 필요는 없다.

바이러스가 침입하려면 먼저 숙주 세포에 있는 특정 단백질(수용체)과 결합해야 한다. 아이러니하게도 숙주의 단백질이 침입자의 가이드 역할을 하는 셈이다. 인플루엔자 바이러스 A형은 HA 돌기를 이용해서 숙주 세포에 붙는다. 한편 NA 돌기는 바이러스가 세포 안에서 증식한 후 빠져나올 때 도움을 준다. 그리고 두 단백질 모두 항원으로 작용해 항체 형성을 유도한다. 현재 HA와 NA 항원에는 각각 18개(H1~H18), 11개(N1~N11)의 아형subtype이 알려져 있다. 아형 번호가 다르다는 것은 돌기 단백질에 상당한 차이가 있음을 의미한다.

항원 변이의 근본 원인은 돌연변이다. 돌연변이란 말 그대로 돌연히(우연히) 유전자에 생기는 변이다. 모든 세포는 분열에 앞서 다음 세대에 물려줄 모든 유전자, 즉 유전체를 복제한다. 이 과정에서 자연스럽게 돌연변이가 발생한다. 제아무리 뛰어난 타자수라도 오타가 전혀 없을 수는 없듯이, 유전자를 복제하는 효소도 아주 드물게 실수를 범하기 때문이다. 예컨대 대장균에서는 대략 1억 번에 한 번꼴로 오타가 생긴다. 로또복권 1등 당첨 확률(8,145,060분의 1)보다도 훨씬 낮지만, 대장균에게는 그리 낮은 확률이 아니다. 최적의 환경에서 약 20분마다 한 번씩 세포 분열을 하고 그때마다 개체 수가 두 배로 늘어나기 때문이다. 산술적으로 대장균 한 마리는 단 하루 만에 2^{72}마리, 곧 47해 2,236경 6,482조 8,696억 5,000만 마리로 증식한다.

숙주 세포에 침입해 그 체계를 강탈하여 증식하는 바이러스는 대장균보다 훨씬 더 빠르게 증식하고 오타율도 훨씬 더 높다. 최악의 타자수는 유전물질로 외가닥 RNA를 가지고 있는 바이러스다. 공교롭게도 인플루엔자 바이러스나 코로나바이러스 모두 여기에 속한다. 이들이 숙주 세포에 감염해서 증식할 때마다 돌연변이를 지닌 바이러스가 적어도 한두 개씩은 생겨난다.

HA와 NA 항원 변이가 심하지 않은 소변이는 기존 백신과 치료제로도 효과를 기대할 수 있다. 그러나 인플루엔자 바이러스가 가진 여덟 개의 RNA 조각이 재배열되는 유전적 재조합으로 인한 대변이는 새로운 독감 팬데믹을 초래할 위험이 크다. 2009년 전 세계를 전염병의 공포에 떨게 했던 H1N1 바이러스는 원래 돼지 독감을 일으키는 것으로 알려져 있었다. 실험실 검사 결과, 이 바이러스 유전자의 대부분이 북미에 사는 돼지에게서 흔히 발견되는 독감 바이러스와 비슷했기 때문이다. 그러나 후속 연구를 통해 2009년에 H1N1 바이러스는 북미 돼지 집단에서 흔히 유행하는 독감 바이러스와 상당히 다르다는 사실이 밝혀졌다. 그뿐만 아니라 놀랍게도 이 바이러스는 유럽과 아시아에서 유행하는 돼지 독감 바이러스 유전자와 조류인플루엔자 바이러스 유전자에 사람 바이러스 유전자까지 가지고 있었다. 도대체 어떻게 해서 이런 바이러스가 탄생할 수 있었을까?

독감 바이러스는 조류와 포유류 종에서 발견되며, 일반적으로 조류인플루엔자 바이러스는 사람에 감염하지 않는다. 철새를 비롯한 야생 조류는 조류인플루엔자 바이러스에 감염되어도 별 증상이 없어서, 지리적으로 넓은 지역에 걸쳐 바이러스를 전파하는 감염병의 매개체 역할을 하게 된다. 돼지는 조류인플루엔자 바이러스와 포유류 독감 바이러스 모두에 감염될 수 있다. 그러므로 돼지는 서로 다른 독감 바이러스들이 유전자를 섞을 수 있는 좋은 만남의 장소가 된다. 더욱이 지금과 같은 공장식 사육 방식은 그런 만남의 기회를 제공하기 더욱 쉽다. 사육하는 사람에게서 돼지로, 가금류를 비롯한 조류에서 돼지로 독감 바이러스가 넘어갈 확률이 증가하기 때문이다. 다행히 바이러스가 가금류에서 인간으로 옮겨가는 경우는 아직 극히 드물다. 그러나 계속되는 유전자 재배열을 통해서 조류와 사람 간에도 빠르게 확산되는 새로운 변종 바이러스가 생길 수 있다.

유감스럽고 안타깝게도 '감염병의 시대'가 도래하는 것 같다. 2019년만 해도 1월부터 '홍역'으로 온 나라가 홍역을 앓았는데, 9월에는 '아프리카돼지열병'이라는 불청객이 처음으로 우리나라를 찾아왔다. 그리고 사태를 수습할 여유도 주지 않고 코로나19가 맹공을 가해왔다. 우리는 미생물의 세상에서 살아간다. 자연계에는 아직 우리가 접하지 못한 미생물이 무수히 존재한다. 우리가 뭔가를 하면 그들은 변화하고, 그러면 다시 우리가 영향을 받는다. 한마디로 조화로운 밀당(밀고 당김) 속 애증 관계다. 코로나19를 비롯한 신종감염병 사태는 이런 밀당이 한쪽으로 지나치게 치우치고 있음을 보여주는 신호다. 흔히 감염병을 미생물의 공격으로 여기지만, 생태학적 관점에서는 공생 속에서 생겨나는 어쩔 수 없는 갈등으로 보인다.

우리로서는 병원성 바이러스와 마주치지 않는 게 최선의 방책이다. 요즘 흔히 하는 말로 '한 번도 경험하지 못한' 일상 속에서 생활 속 거리 두기와 마스크 쓰기 등이 새로운 에티켓이 되어가고 있다. 에티켓이란 사회생활을 하면서 경우와 장소에 따라 취해야 할 바람직한 몸가짐을 일컫는 말이다. 원래 표찰(티켓)을 뜻하는 옛 프랑스어에서 유래한 이 외래어가 지금의 의미로 쓰이게 된 이면에는 태양왕 루이 14세가 있다고 한다. 무소불위의 권력을 휘둘렀던 그는 귀족을 길들이고 자신의 권위를 과시하기 위해 여러 가지 궁중 예법을 만들어 이를 에티켓이라 했다고 전해온다. 말하자면 에티켓은 서슬 시퍼런 절대군주에게 시쳇말로 찍히지 않으려면 지켜야 했던 궁궐 생활 규범이었다. 코로나19에 맞서고 있는 현 상황에서 묘한 동병상련을 느낀다. 감염병 시대의 새로운 에티켓은 개인 수준의 규범을 훨씬 뛰어넘어 글로벌 차원의 공조 전략이자 시스템이 되어야 한다.

팬데믹 병원체나 발병 시기는 예측 불가하다. 우선 감염병에 대한 상시 감시 체계와 함께 사람 간 전파 차단을 위한 비약물적 개입 방안을 마련하는 것이 필요하다. 이때 그 통제로 인한 사회적 혼란과 경제적 손실을 최소화해야 한다. 나아가서 치료제 및 백신 개발을 위한 긴밀하고 지속적인 글로벌 공동 연구 체계를 구축해야만 팬데믹을 이겨낼 수 있을 것이다.

6

수많은 생명을 살린
행운의 곰팡이,
페니실륨

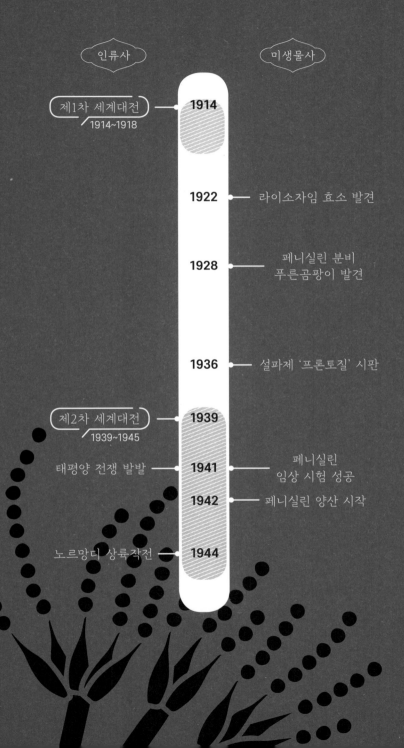

제1차 세계대전
1914~1918

1914

1922 ━● 라이소자임 효소 발견

1928 ━● 페니실린 분비
푸른곰팡이 발견

1936 ━● 설파제 '프론토질' 시판

제2차 세계대전
1939~1945

1939

태평양 전쟁 발발 ━ **1941** ●━ 페니실린
임상 시험 성공

1942 ●━ 페니실린 양산 시작

노르망디 상륙작전 ━ **1944**

제1차 세계대전을 겪으면서 미생물이 감염병의 원인이라는 사실이 모두에게 명확해졌다. 사실 전쟁 당시 군의관 가운데에는 여전히 '미아즈마'를 믿는 이들이 있었다. 구세대일수록 더 그랬다. 설령 미아즈마를 부정하고 미생물 병원설을 신봉하는 의료진이라 하더라도 제한된 지식과 의약품으로 환자를 치료하는 과도기에 있었다. 주로 세균이 감염을 일으킨다는 것 정도는 알고 있었지만, 아직 바이러스에 대해서는 백지상태나 다름없었다. 소독약 말고 세균 감염에 사용할 수 있는 의약품은 살바르산과 네오살바르산 정도가 거의 전부였다.[48]

　참혹한 전쟁 중 프랑스 항구 도시 불로뉴에 세워진 군 병원에서 부상 장병을 치료하던 영국 군의관 알렉산더 플레밍Alexander Fleming

은 의사로서 자괴감이 들었다. 다친 부위를 소독하고 수술을 잘해도 많은 부상자가 속절없이 죽어 나갔기 때문이다. 대부분 직접 사인은 전상戰傷이 아니라 상처를 통해 들어간 세균 감염에 의한 패혈증이었다.

플레밍은 당시 사용하던 소독약이 깊은 상처를 치료하는 데에는 오히려 역효과를 낸다는 사실을 간파했다. 그는 부상자 치료로 눈코 뜰 새 없이 바쁜 시간을 쪼개 소독약이 세균뿐 아니라 백혈구에도 치명적이라는 사실을 실험을 통해 입증하고, 그 결과를 1917년에 논문으로 발표하기까지 했다. 하지만 그런 노력이 정작 상처 깊숙이 파고든 세균을 없애는 데에는 별 도움이 되지 못했다.

콧물과 곰팡이가 선물한 항생제

1918년, 전쟁이 끝나고 런던 성모병원 연구실로 돌아온 플레밍은 야전병원의 아픈 기억을 가슴에 묻고 병원균을 파괴할 수 있는 '마법 탄환'을 찾는 데 몰두했다. 그는 생각나는 모든 물질을 실험 균주에 처리해보았다. 심지어 감기에 걸려 콧물이 심했던 1922년 어느 날에는 그 콧물 한 방울마저도 실험에 동원했다. 그로부터 열흘가량이 지나고, 여느 때처럼 실험대를 정리하던 플레밍은 깜짝 놀랐다. 배양접시에 떨어뜨린 콧물 주변에는 세균이 전혀 자라지 않았던 것이다.

곧이어 그는 눈물과 침 같은 체액에도 동일한 물질이 들어 있다는 것을 발견하고, 이를 '분해하다'라는 뜻을 지닌 접두사 '라이소lyso'와 '효소'의 영어 단어인 '엔자임enzyme'의 뒷부분을 합쳐 '라이소자임lysozyme'이라고 명명했다. 이 효소는 인체 방어체계, 즉 면역의 한 구성 요소로서 세균의 세포벽을 파괴한다. 단세포 생물인 세균에게 세포벽은 자신을 보호하는 성벽인 셈이다. 세균의 세포벽은 서로 다른 두 가지 벽돌로 만들어지는 일종의 조립식 구조물인데, 라이소자임은 두 벽돌의 연결 고리를 끊어서 벽을 무너뜨린다. 그러나 단백질의 특성상 안정성과 활성 조건이 제한적이어서 라이소자임을 감염 치료에 사용하기는 사실상 불가능했다.

다시 6년이라는 각고의 시간이 지난 1928년, 이번에는 플레밍에게 행운의 곰팡이가 찾아왔다. 황색포도상구균을 키우던 배양 접시가 푸른곰팡이로 오염되었는데, 그 곁에는 세균이 없었다. 참고로 미생물학에서는 미생물을 순수 배양할 때, 다른 미생물이 밖에서 들어와 자라는 상태를 오염이라고 한다. 플레밍은 이 곰팡이가 세균을 죽이는 물질을 분비하는 것이라 직감했다. 우선 푸른곰팡이를 분리해 조사한 결과 '페니실륨Penicillium' 계통에 속하는 것으로 밝혀졌다. 페니실륨은 그림 붓을 뜻하는 라틴어 '페니실루스penicillus'에서 유래했다. 이 곰팡이를 현미경으로 보면, 무성 포자가 마치 빗자루에 달린 비처럼 붙어 있다. 곰팡이 가운데 20% 정도가 무성 생식으로 번식하는데, 페니실륨은 양성 생식형에서 돌연변이가 발생하여 무성 생식형으로 바뀐 경우로 추정한다.

곧이어 이 푸른곰팡이에서 추출한 물질이 폐렴균과 임질을 비롯한 여러 병원균에 두루 효과가 있음을 알아낸 플레밍은 '페니실린 penicillin'이라는 이름을 붙여 실험 결과를 이듬해 학술지에 발표했다.[49] 플레밍은 다음과 같이 페니실린의 효용성을 제시하면서 이 논문을 마무리했다.

> 미생물 감염과 관련하여, 페니실린은 잘 알려진 화학 항균제 대비 몇 가지 이점이 있어 보인다. 매우 낮은 페니실린 농도에서도 황색포도상구균과 화농연쇄상구균, 폐렴구균 등이 전혀 자라지 못한다. 따라서 페니실린은 현재 사용되고 있는 화학약품보다 훨씬 더 강력한 소독제다. 더욱이 무자극, 무독성이므로 상처에 심지어 원액 그대로 바를 수도 있고, 800배 이상 희석해도 드레싱 효과가 있다. 화농성 감염 치료에 효용성이 있는지와 관련된 실험을 진행 중이다. 또한 페니실린은 특정 세균 분리에 활용할 수 있다. 대표적으로 인플루엔자균은 페니실린에 영향을 받지 않으므로 배지에 페니실린을 넣으면 이를 쉽게 분리할 수 있다.

이상에서 보다시피 페니실린 발견 당시 플레밍은 이를 감염병 치료제가 아니라 소독제 또는 세균 분리배양 첨가제 정도로 생각했다. 미생물 병원설이 완전히 자리를 잡고 나서, 각종 병원균의 정체 규명에 매진하던 시절이라는 것을 고려하면 그의 생각에 수긍이 간다. 특히 1918년 인플루엔자 팬데믹을 겪은 처지에서 인플루엔자균 연구는 더욱 절실했을 것이다. 물론 인플루엔자 원인 병원체는 세균이 아니라 바이러스다. 하지만 바로 앞 장에서 설명했듯이 아직 바이러스라는 존재를 잘 모르던 그때는 배양하기 어려운 작은 세균이 인플루엔자를 일으킨다고 생각했다.

1929년에 논문을 발표한 이후 플레밍은 푸른곰팡이 추출물에서 살균 물질만을 정제해내려고 10여 년 동안 부단히 노력했다. 그러나 아쉽게도 성공하지는 못했다. 이 기간에 플레밍은 원하는 모든 연구자에게 푸른곰팡이를 기꺼이 분양해주었다. 누구라도 페니실린을 정제해줬으면 하는 간절한 바람에서였다.

이 무렵 북해 건너 독일에서 한 의사가 새로운 항균제 발굴에 성공했다. 게르하르트 도마크Gerhard Domagk는 의대 재학 시절 제1차 세계대전이 터지자 자원입대했다. 그리고 전투병으로 최전선에서 싸우다 부상을 당한 뒤부터는 의무병으로 복무했다. 전쟁이 끝나고 학교로 돌아온 도마크는 학업을 계속해 1928년에 뮌스터대학교 병리학 교수가 되었다. 그러나 이내 자신에게 맞춤형 연구 환경을 제공하는 바이어 제약회사로 자리를 옮겨 마법 탄환 개발에 몰두했다.

1932년 마침내 결실을 보았다. 염료 하나가 포도상구균에 감염된 실험용 쥐 치료에 효과가 있다는 사실을 발견한 것이다. 도마크 연구진이 개발한 이 붉은색 화합물로 염색한 모직은 쉽게 탈색되지 않았다. 염료가 모직 단백질에 단단히 결합하기 때문이다. 이를 본 도마크는 이것이 특정 세균에게도 결합할 거로 예상하고 실험을 했던 것이다. 그런데 다음 실험에서 문제가 생겼다. 효과 확인 차원에서 포도상구균을 따로 배양해서 이 화합물로 처리했는데, 이번에는 별 효과가 나타나지 않았다. 그 이유를 파고든 결과 이 화합물은 생체 내에 들어가서 변형이 되어야 비로소 항균 효과가 나타난다는 사실을 알게 되었다. 바이어Bayer 제약회사는 1936년부터 이 화합물을 '프론토질Prontosil'이라는 제품명으로 판매하기 시작했다.[50] 이렇게 해서 도마크는 '설파제'라고 통칭하는 항균제의 주춧돌을 놓았다.

0.1g의 정제된 페니실린을 얻기까지

플레밍이 페니실린 정제 시도를 접으려 할 무렵, 옥스퍼드대학교의 생화학자 한 사람이 플레밍이 1929년에 발표한 논문을 읽고 큰 관심을 가졌다. 바로 언스트 체인Ernst Chain이다. 베를린에서 태어나 독일에서 대학까지 마친 그는, 나치가 권력을 잡자 유대인이라는 이유로 신변의 위협을 느껴 1933년 영국으로 이주했다. 케임브리지대학교에서 연구원으로 일하던 중 1935년 옥스퍼드대학교 병리학 주임 교수 하워드 플로리Howard Florey와 연이 닿았다. 그 당시 플로리는 플레밍이 발견한 라이소자임 연구를 계획하고 있었다. 그 자신이 소화불량으로 고생하고 있던 터라 개인적인 이유도 컸다고 한다. 유능한 생화학자가 필요했던 플로리는 사방에 연락을 취했고 그렇게 해서 두 거장의 만남이 이루어졌다.[51]

옥스퍼드대학교 연구진에 합류하여 플레밍의 논문들을 검토해나가던 체인은 푸른곰팡이 추출액 연구가 1929년 이후 별다른 진전이 없다는 사실에 눈이 번쩍 뜨였다. 그는 플로리에게 페니실린 연구 과제를 만들어 연구비를 신청하자고 제안했다. 결국 그들은 록펠러 재단Rockefeller Foundation 연구비 수주에 성공했다. 그당시 이들은 페니실린이 제공할 의료 혜택에는 그다지 관심을 두지 않았다. 세월이 한참 흐른 뒤 플로리는 이렇게 회고했다.

> 종종 사람들은 우리가 감염병으로 고통받는 인류를 위해 페니실린 연구를 했다고 생각합니다. 솔직히 연구하면서 그런 마음이 든 적은 없었던 것 같습니다. 흥미로운 과학 실험이었고 그 결과 유용한 의약품이 탄생해서 매우 만족스럽지만, 그

것이 우리가 그 연구를 시작한 이유는 아니었습니다."[52]

연구 과정은 험난했다. 소량으로 분비되는 페니실린을 얻기 위해 엄청나게 많은 배양을 해야 했고, 불안정한 페니실린을 분리해 내는 실험 자체만큼이나 인간관계도 힘들었다. 둘 다 자기주장과 개성이 강했던 탓에 플로리와 체인은 수시로 부딪혔다. 체인은 또다른 공동 연구원 노먼 히틀리Norman Heatley와도 갈등했다. 체인의 신랄한 성격 때문에 히틀리는 플로리에게 직접 보고한다는 조건으로 연구에 참여했다. 이렇게 꾸려진 연구진에서 히틀리는 곰팡이 배양을 맡았고, 체인은 그 배양액에서 페니실린을 추출하는 작업을, 플로리는 동물 실험과 연구 총괄 및 조율을 맡았다. 페니실린 정제라는 공동 목표를 향해 1년 반 동안 부대끼며 나간 결과, 정제 페니실린 0.1g을 간신히 얻을 수 있었다.

1939년 5월 25일 토요일, 연구진은 실험용 쥐 여덟 마리에 병원성 연쇄상구균을 감염시키고, 그중 네 마리에 페니실린을 주사했다. 히틀리는 밤새 실험실을 지켰다. 새벽 4시쯤, 쥐들의 생사가 극명하게 엇갈렸다. 페니실린을 맞은 쥐는 모두 멀쩡했지만, 그렇지 않은 쥐는 몰살되었다. 다음 날 결과를 토론하는 자리에서 체인은 기쁨에 춤을 추다시피 했다. 반면 플로리는 평소처럼 별말이 없었다. 하지만 잠시 후 친한 동료에게 전화할 때 플로리는 기쁨을 감추지 못했다는 전언이다. 이후 몇 달간 반복 및 보강 실험을 진행한 그들은 마침내 1940년 8월에 기적과도 같은 연구 성과를 논문으로 세상에 알렸다.

페니실린은 세균의 성벽 쌓기, 즉 세포벽 합성을 방해해서 궁극적으로 세균을 파괴한다. 성벽 축조에는 두 부류의 벽돌공(효소)이 참여한다. 첫 번째 벽돌공은 두 개의 벽돌을 번갈아 배열하면서 벽돌 양쪽에 달린 고리를 연결하며 벽을 쌓아나간다. 그러면 두 번째 벽돌공이 성벽의 층과 층 사이를 단단히 고정한다. 페니실린은 층간 결합 작업을 담당하는 벽돌공에 달라붙어 일을 못 하게 한다. 다른 벽돌공은 일하기 때문에 성벽은 계속 올라가지만, 층과 층 사이가 연결되지 않는다. 이렇게 부실 시공된 성벽은 세포 안에서 오는 압력을 이기지 못하고 결국 무너진다. 세균 세포가 터지면서 세균이 사멸한다는 말이다.

1941년 2월, 사상 처음으로 페니실린이 사람에게 투여되었다. 장미를 가지치기하다가 입 주위를 가시에 쓸린 40대 경찰관이었는데, 상처가 덧나서 얼굴 전체에 염증이 생기고 폐까지 감염되어 위독한 상태였다. 플로리는 이 환자에게 정제된 페니실린을 주사했고, 사흘 만에 놀라운 회복세를 보였다. 그런데 안타깝게도 준비된 페니실린이 모두 소진되어 그는 끝내 유명을 달리하고 말았다. 하지만 페니실린의 효과는 임상에서 입증되었다.

과일 진열대에서 만난 귀균

플로리와 체인, 히틀리 모두 페니실린이 감염 치료제로 쓰이려면 대량 생산이 선결 과제라는 것을 절감했다. 그러나 제2차 세계대전(1939~1945)에 전념하고 있던 영국에서 이런 생산 시설 설립 투자를 유치하는 건 불가능했다. 플로리의 선택은 미국이었다. 드디어 1941년 6월, 플로리는 히틀리만 동행한 채로 미국으로 향했다. 격분한 체인은 플로리를 절대 용서할 수 없다고 이후 여러 차례 공언했고, 둘 사이에 노골화된 반감은 언론에 좋은 기삿거리가 되었다.

역사적인 여정을 떠나기 전, 히틀리는 보물 푸른곰팡이를 안전하게 가지고 가기 위해서 기발한 아이디어를 냈다. 별도로 용기에 담아가면 분실이나 도난 위험이 있으니, 코트에 곰팡이를 묻혀가자고 제안한 것이다. 히틀리와 플로리는 그렇게 미국으로 푸른곰팡이를 무사히 가져갔고, 이런 노력에 보답하듯 그들의 바람은 이루어졌다. 마침내 미국 일리노이주 도시 피오리아 소재, 농무부 산하 연구소에 페니실린 연구 컨소시엄이 구성되었다. 우선 플레밍이 발견한 푸른곰팡이는 '페니실륨 노타툼Penicillium notatum'으로 최종 확인되었다. 또한 페니실린을 분비하는 푸른곰팡이는 매우 드물다는 사실도 알게 되었다. 당

페니실륨 노타툼

시 연구소에서 보유하고 있던 페니실륨 균주 1,000여 개 가운데 페니실린을 만드는 것은 단 하나뿐이었다.

본격적으로 곰팡이를 배양하려는데, 히틀리가 영국에서 사용하던 배지 제조에 필요한 성분 하나를 당장 현지에서 구할 수 없었다. 고민하는 그에게 미국 연구원이 미국 중서부에 지천으로 있는 '옥수수 침지액corn steep liquor' 사용을 제안했다. 궁여지책이 기막힌 묘수가 되었다. 옥수수 녹말 생산 과정에서 나오는 이 폐기물에는 포도당과 아미노산, 비타민 등이 다량 들어 있어서 곰팡이 성장과 페니실린 생산량이 많이 증가했다. 히틀리는 반년 동안 피오리아에 머물며 페니실륨 균주 대량 배양법을 연구했고, 플로리는 미국 정부와 더 많은 제약회사의 지원과 관심을 구하기 위해 동부로 갔다.

플로리와 히틀리가 페니실린 양산을 위해 동분서주하고 있을 무렵, 제2차 세계대전 전세에 큰 변화가 생겼다. 서부 유럽 대부분을 장악한 독일은 독소 불가침 조약을 파기하고 1941년 6월 22일 소련 침공을 개시했다. 한편 일본은 중국과의 전쟁이 장기화하자 자원 확보를 위해 동남아시아를 침략했다. 이때 미국이 석유를 비롯한 전쟁물자의 일본 수출을 금지하면서 이를 제지하고 나섰다. 그러자 1941년 12월 7일 일본이 미국 하와이 진주만을 기습해 태평양 전쟁이 발발했다. 이로써 전쟁은 미국과 영국, 프랑스 그리고 소련이 중심을 이룬 연합국과 독일과 이탈리아, 일본이 뭉친 추축국 Axis Powers 대결 구도로 바뀌며 전선이 전 세계로 확대되었다. 추축국이란 1936년에 베니토 무솔리니Benito Mussolini가 "유럽의 국제 관계는 로마와 베를린을 연결하는 선을 추축으로 하여 변화할 것이다"라고 연설한 데서 유래한 말이다.

　미국의 참전은 전쟁의 향배뿐만 아니라 페니실린 양산 과정에도 큰 변화를 가져왔다. 수많은 미국 젊은이의 목숨이 위태로운 상황에서 미국 정부와 제약회사 모두에게 이제 페니실린은 과학적 선택 사항이 아니라 의학적 필수품이 되었다. 진주만 공격 열흘 후, 머크Merck와 화이자Pfizer를 비롯한 굴지의 제약회사가 참여해서 페니실린 상용화에 박차를 가했다. 이렇게 시작된 기념비적인 국제(영미) 산·학·연 공동 연구는 제2차 세계대전이 끝날 때까지 지속되었다.[53]

　1942년 전쟁은 더욱 격화되었고, 공동 연구진은 페니실린 생산 능력이 더 뛰어난 푸른곰팡이 물색에 나섰다. 그리고 뜻밖의 장소에서 귀균貴菌을 만났다. 피오리아 연구소의 한 연구원은 보조 연구원에게 매일 시내 식료품 가게에 가서 상한 과일이나 곰팡이가 핀 모든 것을 사 오라고 부탁했다. '곰팡이 메리'라는 별명을 얻은 이 여성본명: 메리 헌트, Mary Hunt이 하루는 과일 진열대에서 너무 후숙되어 껍데기에 곰팡이가 핀 캔털루프를 가져왔다. 행운의 여신이 보낸 선물이었다. 여기서 발견된 푸른곰팡이 '페니실륨 크리소게눔Penicillium chrysogenum'은 플레밍의 푸른곰팡이보다 여섯 배나 많은 페니실린을 만들어냈다. 결국 대량 생산에는 원조가 아닌 신예가 투입되었다.

페니실린의 등장 전까지 인류는 감염병 공격에 속수무책으로 당할 수밖에 없었다. 예컨대 감염병의 대명사 페스트는 14세기 유럽 전체 인구의 3분의 1을 죽음으로 내몰아 중세 유럽의 몰락을 재촉했다. 만약 그 시절에 페니실린이 있었다면 세계사는 완전히 달라졌을 것이다. 1944년 6월, 역사적인 노르망디 상륙작전에 페니실린이 투입되어 다친 연합국 장병을 세균 감염에서 보호했다.[54] 이 덕분에 수많은 아들이 살아서 집으로 돌아올 수 있었다. 지옥을 방불케 하는 치열한 총격전 속에 상륙 초기 3주 동안 연합국 측에서만 전사자가 9,000명에 육박했고, 부상자는 5만 명을 넘어섰다. 생각만으로도 끔찍하지만, 만약 페니실린이 아니었다면 두 수치가 바뀔 수도 있었다.

페니실린을 둘러싼 공익과 자본주의의 대립

1942년 8월, 영국 대표 신문 〈더 타임스The Times〉에 연쇄상구균성 수막염으로 사경을 헤매던 환자가 페니실린 치료를 받고 기적적으로 살아났다는 기사가 실렸다. 그런데 그 묘약의 출처가 옥스퍼드대학교라고만 했을 뿐, 플레밍이나 플로리 그 누구도 언급되지 않았다. 이에 플레밍이 근무하던 런던 성모병원의 세균학 교수 암로스 라이트Almroth Wright가 신문사에 편지를 보내 플레밍의 업적을 자세히 알리고, 그가 월계관을 써야 마땅하다고 주장했다. 이 편지가 신문에 공개되자 옥스퍼드대학교에서도 플레밍이 월계관을 받을 자격이 있다면 플로리는 최소한 부케를, 그것도 아주 멋진 것으로 받아야 한다는 의견을 표명했다.

런던 성모병원에 언론의 관심이 쏟아졌다. 플로리보다 훨씬 외향적이었던 플레밍은 기꺼이 기자들을 만났고 유명인사가 되었다. 반면 플로리는 세간의 주목에 무관심했을 뿐 아니라, 연구진에게 인터뷰를 일절 금지해 언론의 접근 자체를 차단했다. 그 결과, 언론 보도는 계속해서 플레밍과 성모병원에 집중될 수밖에 없었다. 대중에게 플레밍은 생명을 구하는 위대한 약을 만들어준 유일한 위인으로 점차 각인되어갔다. 이렇게 해서 '플레밍 신화Fleming Myth'가 시작되었다. 플로리는 과학자가 대중적인 인기에 영합하는 것이 마뜩잖았고 플레밍의 왜곡된 공개 발언에 분했지만, 그의 성격상 이런 문제를 대중 앞에서 논쟁하는 것은 적절치 않다고 생각했을 것이다.

한편 1941년 미국 여행 사건으로 촉발된 플로리와 체인의 갈등은 페니실린 특허 문제를 두고 더욱 악화했다. 체인은 특허출원을 강력히 주장했고, 플로리는 그것이 의료 윤리에 어긋난다고 맞섰다. 플로리의 반대를 무시하고 체인은 독자적으로 자기가 개발한 페니실린 정제법에 대해 특허출원을 신청했으나 기각되었다. 심사위원회 역시 페니실린은 인류 공익을 위한 것이라 특허출원을 부도덕한 처사라고 판단했다.

그러나 대서양 건너 미국의 분위기는 사뭇 달랐다. 더 자본주의적인 윤리 기준이 적용되어 페니실린 생산 방법 관련 특허에 대한 반감이 없었다. 전쟁이 끝났고, 플로리를 비롯한 영국 과학자들은 아연실색했다. 애당초 자기들이 발견한 푸른곰팡이를 가지고 공동 개발한 배양기술을 사용하려면 로열티를 내야 한다는 사실을 알게 되었기 때문이다. 체인은 기회가 있을 때마다, 그것도 공개적으로 "내가 말했잖아, 특허를 내자고"를 반복하면서 불난 집에 부채질을 했다. 1945년 노벨 생리의학상 수상으로 플레밍과 체인, 플로리, 이 트리오 과학자의 마음이 달래졌기를 바란다.

만약에 페니실린이 없었더라면

글로벌 한류스타 BTS의 노래 제목으로도 유명한 '세렌디피티serendipity'는 '우연히 중대한 발견을 하는 경우'를 뜻하는 영어 단어다. 하지만 여기서 말하는 우연은 길에서 돈 줍기 같은 요행을 말하는 게 아니다. 플레밍에게 행운이 찾아온 건 맞다. 중요한 것은 그 행운 자체가 아니라 그것을 놓치지 않고 붙잡았다는 사실이다. 마법 탄환 탐색에 골몰하던 그였기 때문에 가능했던 일이다. 플레밍 역시 이렇게 말했다. "준비된 사람만이 기회가 내미는 손을 볼 수 있다."

만약 1928년 플레밍이 세렌디피티를 잡지 못했다면 어떤 일이 일어났을까? 늦게라도 다른 누군가가 페니실린을 발견하지 않았을까? 생물학의 발견과학적 특성상 그 개연성은 충분하다. 그러나 플레밍의 첫 발견부터 페니실린 양산, 이어지는 다양한 항생제 개발의 역사를 전체적으로 바라보면 단순히 시간문제는 아닐 거라는 생각이 짙어진다. 역사에서 '만약에'는 무의미하겠지만 '반사실적 사고counterfactual thinking'를 페니실린 이야기에 적용하면 자칫 간과할 수 있는 사실이 시나브로 드러난다.

우선 플레밍이 페니실린을 발견하지 못했다면 옥스퍼드 연구진이 페니실린을 발견했을지 생각해보자. 아마도 아니었을 것 같다. 체인이 1929년에 발표된 플레밍의 논문을 읽지 않았다면 페니실린 정제는 말할 것도 없고, 푸른곰팡이에 관심을 둘 수조차 없었을 테다. 그랬다면 이후 페니실린을 둘러싸고 벌어졌던 드라마 같은 일련의 사건은 당연히 없는 것이고, 노르망디 상륙작전의 결과도 오늘날 역사책에 기록된 바와 크게 달라졌을 가능성이 농후하다.

트리오 과학자의 노벨상 수상은 또 어떤가? 1928년의 발견이 아니었다면 그 영광은 없었을 테니 지금처럼 기억될 수도 없었을 것이다. 어쩌면 이들이 비운 자리를 도마크가 독차지했을지도 모르겠다. 사실 도마크는 설파제 개발 공로를 인정받아 1939년 노벨 생리의학상 수상자로 결정되었다. 과학적 관점에서 1939년은 독일 역사상 가장 길한 해로 보인다. 도마크 말고도 자국 화학자 두 명이 노벨상 수상자 명단에 들었으니 말이다. 리하르트 쿤Richard Kuhn은 전년도인 1938년 노벨 화학상 수상자로 1939년에 뒤늦게 발표되었고, 아돌프 부테난트Adolf Butenandt는 1939년 노벨 화학상 수상자로 선정되었다. 한 국가에서 2년 연속 노벨 화학상 수상자가 나오고 노벨 생리의학상 수상자까지 배출했으니 국가적인 경사가 아니겠는가! 그러나 당시 현실은 정반대였다.

도마크, 쿤, 부테난트는 베를린으로 소환되어 감금되었다. 그곳에서 이들은 노벨상 수상을 거부한다는 편지에 서명할 것을 강요당했다. 도대체 왜 나치 정권은 이런 황당한 짓을 했을까? 그 이유는 간단하다. 히틀러가 노벨위원회를 극도로 싫어했기 때문이다. 히틀러는 반나치주의자였던 저널리스트 카를 폰 오시에츠키Carl von Ossietzky의 1935년 노벨 평화상 수상을 자신과 나치에 대한 모욕으로 생각해서 노벨상을 혐오했다고 한다. 제2차 세계대전이 터진 데다 세 명이나 수상을 거부한 탓에 1939년 노벨상 시상식은 열리지 못했다. 그리고 이 세 독일인은 전쟁이 끝나고 지각 수상을 했다.

페니실린이 아니었다면 도마크가 글로벌 스타 과학자로 등극했을 것은 의심할 여지가 없어 보인다. 그 근거는 이렇다. 도마크는 노벨상 수상 이후로도 결핵과 암 치료를 위한 약물 개발 연구에 몰두했고, 세계 여러 나라에서 많은 상과 훈장, 명예박사학위 등을 받았으니 학문적 자격은 차고 넘친다. 여기에 더해 그에게는 대중이 끌릴 만한 다채로운 이야깃거리가 있다. 예컨대 그의 마법 탄환이 구한 수많은 생명 가운데에는 친딸도 있다. 1935년 12월, 여섯 살짜리 딸의 손에 바늘이 박혀 부러지는 사고가 발생했다. 즉시 병원에 가서 수술로 바늘을 제거하고 꿰맸지만 그 부위에 감염이 생겼다. 감염이 번져나갔고 눈에 넣어도 아프지 않을 딸은 위독해졌다. 의사에게서 팔을 절단해야 할 수도 있다는 청천벽력 같은 이야기까지 들었다. 다급해진 아버지는 실험실로 달려가 그가 개발한 붉은색 알약(프론토질)을 가져다 아이에게 먹였다. 일주일 동안 노심초사하며 약을 투여한 끝에 함께 "메리 크리스마스"를 외칠 수 있었다. 그리고 같은 약이 1943년 카이로에서 폐렴에 걸려 위험에 처한 윈스턴 처칠Winston Churchill도 구했다.

각본 없이 쓰이는 역사는 가끔은 드라마보다 더 극적인 이야기를 만들어낸다. 1944년 7월 20일, 강직하고 충성심 강한 독일 장교 클라우스 폰 슈타우펜베르크Claus von Stauffenberg 대령은 독일과 유럽을 파멸로 몰고 가는 히틀러를 암살하고자 시도한다. 우리나라에 2009년에 개봉된 영화 〈작전명 발키리〉(2008)의 소재가 된 실화다. 거사는 실패했고 히틀러는 큰 부상을 당했다. 이때 다친 총통의 치료에 페니실린이 사용되었다고 한다.[55] 페니실린이 아니었다면 히틀러는 그때 죽었을지 모른다. 그랬다면 전쟁은 아주 다른 양상으로 종결되었을 것이다.

만병통치약이었던 페니실린의 한계

제2차 세계대전 종전 후, 유럽 전역에 만연한 성병이 전후복구에 큰 걸림돌이 될 거라는 우려가 컸다. 페니실린은 이런 걱정도 기우로 만들어주었다. 페니실린이 매독과 임질을 비롯한 성병 치료에도 탁월한 효능을 보였기 때문이다. 거의 만병통치약 대우를 받으며 페니실린은 초기 전후복구를 이끄는 주역으로 대활약했다.

승승장구하던 최초의 항생제 페니실린의 예봉을 꺾은 것은 '베타-락타마제'라는 페니실린 분해 효소였다. 황색포도상구균을 비롯하여 여러 세균이 만드는 이 효소는 페니실린의 핵심 구조인 '베타-락탐 고리'를 파괴한다. 엄밀히 말하면 페니실린은 한 가지 화합물의 이름이 아니다. 베타-락탐 고리를 핵심 구조로 가지고 있는 50가지 이상의 항생제 그룹을 의미한다. 페니실린의 종류는 이 핵심 구조에 붙어 있는 곁가지에 따라 구분된다.

페니실린 분해 효소는 페니실린의 공통 핵심 구조를 타격하기 때문에, 모든 천연 페니실린을 무력화시킬 수 있다. 말하자면 인간

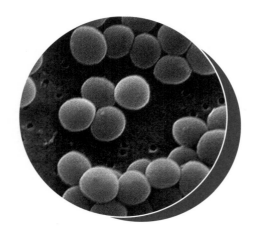

2만 배 확대한 황색포도상구균

메티실린에 내성이 있는
황색포도상구균

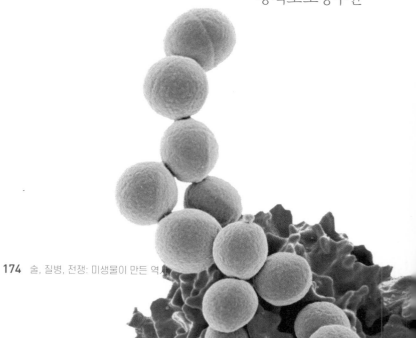

이 발사한 페니실린이라는 미사일을 정확하게 요격하는 세균의 방어 무기인 셈이다. 인간은 '반합성 페니실린'을 개발하여 신속하게 대응했다. '반합성semisynthetic'이란 페니실린 일부는 곰팡이가 만들고, 나머지 일부는 인공적으로 합성한다는 뜻이다. 참고로 항생제 이름이 '-실린-cillin'으로 끝나면 모두 페니실린 계열이다. 반합성은 크게 두 가지 방법으로 이루어진다. 우선 푸른곰팡이가 공통 핵심 구조만 만들도록 페니실린 합성 경로를 적절히 차단하는 것이다. 반대로 온전한 천연 페니실린 분자에서 곁가지를 제거한 다음, 페니실린 분해 효소에 저항성이 더 강한 곁가지를 화학적으로 다시 붙이는 것도 가능하다. 이런 전략은 성공적이었다. 아니, 그렇게 보였다고 하는 게 맞겠다.

뉴스에 심심찮게 등장하는 황색포도상구균은 여드름과 종기에서 식중독, 폐렴, 수술 상처 감염까지 일으키는 골칫덩어리 세균이다. 황색포도상구균 독소는 30분 정도 끓여도 독성이 그대로 남아 있을 만큼 열에 강하다. 그러므로 일단 음식이 오염되어 독소가 생기고 나면 이를 제거하기가 여간 어려운 게 아니다. 이 독소가 몸에 들어오면 빠르게 뇌의 구토중추를 자극하고, 복부 경련과 함께 설사를 일으킨다. 건강한 사람이 황색포도상구균 식중독으로 사망하는 일은 거의 없다. 하지만 노약자의 경우는 얘기가 달라진다.

페니실린의 위력 앞에 맥을 못 추던 황색포도상구균이 1950년대에 들어서면서부터 서서히 저항하더니, 이내 왕년의 마법 탄환을 무용지물로 만들어버렸다. 상황이 이렇게 되자 과학자들은 '메티실린'이라는 반합성 항생제를 개발했다. 그러나 메티실린의 효력은 그리 오래가지 못했다. 메티실린이 개발되고 몇 년 만에 여기에 내성을 지닌 황색포도상구균이 나타나기 시작했다. 1980년대에 들어 내성을 지닌 세균 감염 사례가 더욱 늘어나면서 결국 메티실린 생산이 중단되었다.

인류도 이에 굴하지 않고 '반코마이신'이라는 새로운 항생제로 응수했다. 안타깝지만 이 약발도 오래가지는 못했다. 1990년대 후반부터 반코마이신에 약하게 내성을 보이기 시작하더니, 이윽고 2002년 미국에서 반코마이신에 완전한 내성을 지닌 황색포도상구균 감염이 보고되었다. 악순환의 고리에 빠지고 만 것이다. 사실 플레밍은 이런 사태를 이미 예견했다. 그래서 다음과 같은 당부의 말까지 남겼다.

실험실에서 세균을 죽지 않을 정도의 페니실린 농도에 노출함으로써 페니실린에 내성을 가지게 하는 것은 그리 어려운 일이 아니다. 약국에 가서 누구나 페니실린을 살 수 있는 때가 올지도 모르겠다. 그리고 별생각 없이 약을 먹다 보면 똑같은 일이 우리 몸 안에서 일어날 수 있다. 페니실린 치료를 무분별하게 하는 사람은 페니실린 내성균 감염으로 인한 인명 피해에 대해 윤리적 책임이 있다. 나는 이런 비극이 생기지 않기를 바란다.

　페니실린을 비롯한 항생제의 발견은 미생물학의 찬란한 업적 가운데서도 단연 백미白眉로 꼽힌다. 하지만 안타깝게도 항생제 내성균들이 속속 출현하면서 그 빛이 가려지고 있다. 더 큰 문제는 내성균들에 맞서 싸울 탄환이 점점 소진되고 있다는 사실이다. 세균이 내성을 획득하는 속도가 새로운 항생제를 개발하는 속도보다 훨씬 빠르기 때문이다. 급기야 현재 사용할 수 있는 모든 항생제에 내성을 가진 '슈퍼박테리아superbacteria' 또는 '슈퍼버그superbug'까지 등장하는 지경에 이르렀다. 자칫 잘못해 새드엔딩으로 향하지 않으려면, 병원성 미생물에 맞서는 우리의 전략과 자세를 되짚어보고 적절한 대책을 세워야 한다. 여기에 대해서는 다음 장에서 알아보기로 한다.

7___

인류 최다
감염병의 주인공,
결핵균

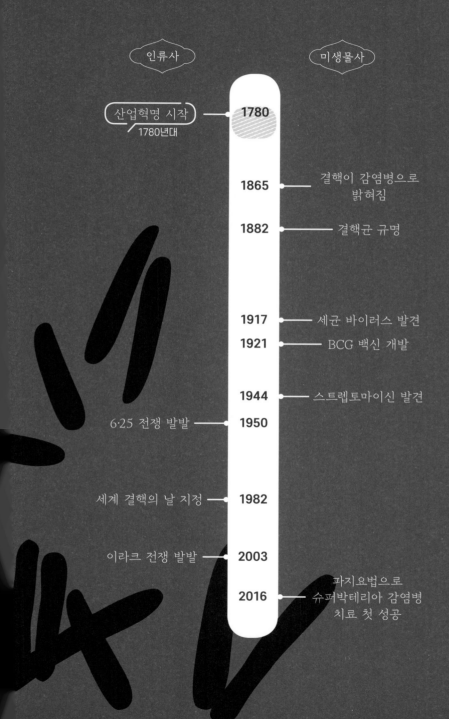

인류사

미생물사

산업혁명 시작
1780년대

1780

1865 — 결핵이 감염병으로
밝혀짐

1882 — 결핵균 규명

1917 — 세균 바이러스 발견
1921 — BCG 백신 개발

1944 — 스트렙토마이신 발견

6·25 전쟁 발발 — 1950

세계 결핵의 날 지정 — 1982

이라크 전쟁 발발 — 2003

2016 — 파지요법으로
슈퍼박테리아 감염병
치료 첫 성공

혜성같이 등장한 페니실린이 각종 병원균을 격파하던 슈퍼히어로 시절에도 손봐주지 못한 상대가 하나 있었다. 바로 결핵균이다. 결핵은 말라리아에 이어 두 번째로 오래된 인간 감염병이고, 인류 최다 감염병이다. 따라서 결핵균에 무력하다는 사실은 페니실린의 치명적 아킬레스건이었다.

2020년 제92회 아카데미시상식에서 4관왕에 오른 영화 〈기생충〉(2019)에 결핵이라는 질병이 등장한다. 요즘도 결핵 환자가 있냐는 연교(조여정 분)의 말에 기택(송강호 분)은 한국이 OECD 국가 중 결핵 발생률 1위라고 설명한다. 영화 속 연교에게 그랬듯이 우리에게 결핵은 거의 잊힌 질병이다. 그러나 실상은 불편한 진실 그 자체다.

세계 인구의 거의 3분의 1이 결핵균을 보유하고 있는 것으로 추정한다. 달리 말하면 감염되었다는 말이다. 불행 중 다행으로 결핵균 감염이 발병으로 이어지는, 즉 활동성 결핵이 되는 경우는 10% 정도다. 건강한 사람은 면역계가 결핵균을 제압할 수 있다. 하지만 영양실조에 걸리거나 몸이 약해져 면역 기능이 저하되면 그 틈을 타서 결핵균이 활동을 재개할 수 있다.

우리나라의 경우에는 과거보다 결핵 환자 수가 많이 줄었고 계속 감소하고 있지만, 결핵 발생률과 사망률 모두 OECD 1위라는 불명예를 여전히 벗지 못하고 있다. 2020년 기준, 국내 전체 결핵 환자와 신규 환자 수는 각각 2만 5,350명(10만 명당 49.4명)과 1만 9,933명(10만 명당 38.8명)으로, 전년 3만 304명(10만 명당 59.0명)과 2만 3,821명(10만 명당 46.4명) 대비 모두 약 83.7% 수준으로 내려갔다.[56]

수천 년간 인류를 괴롭혀온 의문의 병

결핵균은 대략 1만 년 전쯤에 인체에 침투한 것으로 보인다. 그 정확한 출처는 알 수 없지만 가축화된 동물이나 사냥감에서 유래했을 가능성이 크다. 결핵은 뼈에 흔적을 남기기 때문에 고인류 유골과 사료 분석을 통해 비교적 정확하게 발병 시기를 추정할 수 있다. 현재 가장 오래된 결핵 흔적은 기원전 5,000년 무렵에 만들어진 이집트 미라 뼈에서 발견되었다.

중국에서 발굴된 신석기 고인골古人骨 가운데서도 결핵으로 척추가 변형된 인골이 확인되어 신석기 시대, 대략 6,500년 전에 이미 결핵이 있었던 것으로 추정한다. 일본의 경우에는 기원전 3세기 무렵에 시작해서 500여 년간 지속한 '야요이 시대' 성인 유골에서 결핵 흔적이 확인되었다. 고인골을 통한 선사 시대 감염병 연구가 빈약한 우리나라 실정상 주변국 자료를 참고하여 추론해보면, 한반도에는 신석기 후기 또는 청동기 전기에 결핵이 유입된 것으로 보인다.[57]

보통 의학의 아버지라고 부르는 히포크라테스Hippocrates가 남긴 기록에도 결핵으로 보이는 질병이 있다. 고대 로마 의사 클라우디우스 갈레노스Claudius Galenos는 폐결핵을 염증성과 궤양성, 잠재성 세 가지로 구분했고, 결핵 환자들을 일정한 생활기준을 마련하여 나폴리 근처 언덕에 따로 살게 했다. 이것이 요양원, 새너토리엄 sanatorium의 시조로 여겨진다.[58]

이처럼 결핵은 수천 년 동안 우리와 붙어살며 꾸준히 인류를 괴롭혀왔지만 대규모 발병은 없었다. 적어도 18세기 이전까지는 그랬는데, 산업혁명 이후로 도시를 중심으로 결핵 환자가 급증했다. 앞서 얘기한 대로(61쪽 참조), 인클로저 운동으로 농민들이 도시 노동자로 대거 유입되어 주로 도시 빈민가에 생활 터전을 잡았다. 위생 개념이 부족했던 시절, 과밀한 주거 환경은 결핵균에게 잔치판이나 다름없었다. 전염성 있는 환자가 기침이나 재채기를 할 때 나오는 작은 침방울(비말)에 탑승한 결핵균이 이내 주변에 있는 여러 사람의 들숨에 빨려 들어가면서 연쇄적으로 세력을 배가했다.

19세기 초반까지 수많은 유럽인이 영문도 모른 채 각혈하다 속절없이 세상을 떠나갔다. 1865년 마침내 첫 돌파구가 열렸다. 프랑스 군의관 장앙투안 빌맹Jean-Antoine Villemin이 결핵 환자의 가래에 노출된 실험동물이 결핵에 걸린다는 사실을 알아냈다. 이로써 결핵이 감염병임이 밝혀졌다. 이제 문제는 원인 병원체 규명이었다. 코흐가 나섰다.

뚜껑 덮는 접시와 우무의 놀라운 능력

1876년 탄저균 규명과 함께 미생물 병원설을 정립한(85쪽 참조) 코흐는 1880년 베를린으로 거처를 옮긴다. 정부 초청으로 국립 위생원 특별연구원으로 위촉되었기 때문이다. 요즘으로 치면 능력을 인정받아 특채 임용된 셈이다. 좋은 연구시설에 박사 연구원까지 거느린 코흐는 '퓨어 컬처pure culture'라는 또 하나의 큰 업적을 세운다. '퓨어 컬처'를 '순수 문화'로 번역하는 경우가 많은데, 미생물학에서는 '순수 배양'이라 옮긴다. 이때 영어 단어 'culture'는 인공 환경에서 자라고 있는 미생물 무리 또는 미생물을 키우는 과정을 의미한다.

코흐의 순수 배양 기술은 소통과 융합의 산물이다. 코흐는 세균을 키울 수 있는 고체배지가 절실했다. 처음에 감자를 썰어서 써보기도 하고, 젤라틴gelatin에다 세균을 키우기도 했다. 젤라틴이란 동물 뼈나 가죽, 힘줄 따위에서 얻는 단백질 가운데 하나로 뜨거운 물에 풀어지고 찬물에서는 젤gel 상태가 된다. 그냥 쉽게, 푹 곤 도가니탕 국물이 식어서 흐물흐물한 묵처럼 보이는 걸 생각하면 된다. 어쨌든 둘 다 마땅치 않았다. 감자는 세균에 필요한 영양분이 제한적이고, 젤라틴은 온도가 조금만 올라가면 녹아버려서 낭패를 보았다.

고체배지는 미생물이 자라는 터전이다. 제대로 기능하려면 물리적인 공간과 화학적 영양분을 동시에 제공해야 한다. 간단히 말해서 배지는 배양에 필요한 성분을 물에 녹여서 충분히 끓여 멸균한 다음 식혀서 만든다. 관건은 영양분이 고루 섞인 액체배지를 굳혀 고체로 만드는 것이다. 고민에 고민을 거듭하던 코흐에게 어느 날 발터 헤세Walther Hesse라는 연구원이 자기 아내의 아이디어를 전달했다. 과일 젤리를 만드는 데 사용하는 우무(한천)를 한번 써보라는 것이었다.[59]

우무는 바다에 사는 해조류에서 뽑는 탄수화물인데, 아주 독특한 특성을 보인다. 우무 가루를 물에 넣고 펄펄 끓이면 녹으면서 끈끈하고 투명한 풀처럼 된다. 이걸 40℃ 정도까지 식히면 묵처럼 굳는다. 한번 굳은 우무는 거의 100℃에 이르기 전까지는 고체 상태를 그대로 유지한다. 그러므로 우무를 섞어 고체배지를 만들면 온도에 구애받지 않고 미생물을 배양할 수 있다.

우무가 고체배지 제작에 안성맞춤인 또 다른 이유는 우무를 분해하는 미생물이 매우 드물기 때문이다. 보통 미생물이 천연물질은 모두 먹거리로 잘 이용하는데, 희한하게 우무는 예외다. 미생물 연구자에게 이건 큰 행운이다. 미생물이 우무를 먹어치운다면 미생물 배양이 진행될수록 고체배지는 사라져갈 테니 말이다.

코흐와 함께 일하던 또 다른 연구원 율리우스 페트리Julius Petri는 헤세 부인패니 헤세, Fanny Hesse의 아이디어를 실천하는 데 크게 이바지했다. 뚜껑 덮는 접시를 고안해서 멸균된 우무 배지를 담아 잡균 오염 걱정 없이 원하는 미생물을 배양할 수 있게 한 것이다. 이 배양 도구를 '페트리 접시petri dish'라고 부르는데, 중·고등학교 시절을 보낸 시기에 따라서는 '샬레Schale'라는 이름이 더 익숙할 수도 있겠다.

보통 순수 배양은 '콜로니colony' 확보로 시작한다. 이 단어 역시 미생물학에서는 '식민지'라는 뜻이 아니라, 미생물 세포 하나에서 시작되어 세포분열을 거듭해서 모인 미생물 무리를 가리키는 용어다. 미생물 세포 하나는 너무 작아서 보이지 않지만, 이들 마릿수가 어느 정도 많아지면 군체를 이루어 맨눈에 보이게 된다. 그런데 원하는 미생물의 콜로니를 어떻게 얻을 수 있을까? 해답은 '스트리킹streaking'이다. '알몸으로 길거리 달리기'라는 뜻이 떠올라 깜짝 놀란 독자가 있을지 모르겠다. 그런데 동사 '스트리크streak'에는 '기다란 자국(흔적)을 내다' 또는 '줄무늬를 넣다'라는 뜻도 있다.

사진에서 보이는 것처럼 루프로 시료를 조금 묻혀서 고체배지 표면 한쪽에 문대면, 즉 스트리킹하면 미생물이 고루 퍼지게 된다. 이어서 비어 있는 다른 쪽으로 두 번, 세 번 줄긋기를 할수록 전달되는 미생물이 점점 줄어든다. 이렇게 접종한 배지를 배양하면 미생물이 자라면서 콜로니가 보이기 시

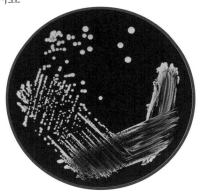

스트리킹

작한다. 처음 스트리킹한 부위에서는 미생물이 워낙 많이 접종되어 과밀 성장한 결과로 개별 콜로니는 볼 수 없다. 하지만 스트리킹이 진행되면서 미생물 수가 점점 줄어 결국 하나씩 떨어진 동그란 콜로니가 나타난다. 코흐가 개발한 순수 배양 기술은 지금도 여전히 전 세계 미생물 실험실에서 그대로 사용되고 있다. 변한 게 있다면 유리 접시가 일회용 플라스틱 제품으로 바뀐 정도다.

당시 최첨단 배양 기술을 확보한 코흐는 마침내 결핵균 순수 배양에 성공했고, 그 결과를 1882년 3월 24일 베를린 생리학회 월례 모임에서 '결핵의 원인Uber Tuberculose'이라는 제목으로 발표했다. 저녁 7시에 시작된 세미나에 참석한 36명 가운데에는 장차 인류를 매독에서 구해낼(123쪽 참조) 젊은 의사 에를리히도 있었다. 그날 발표의 핵심 내용은 결핵으로 죽은 동물의 폐 조직으로 현미경 관찰 시료를 제작했는데, 기존 방법으로는 결핵균 염색과 배양이 극히 어려워 새로운 염색법과 배지를 개발해 이를 극복했다는 것이었다.[60]

역사적인 이날을 기념하고 결핵에 대한 경각심을 잊지 않게 하기 위해 결핵균 발견 100주년이 되던 1982년부터 매년 3월 24일을 '세계 결핵의 날World Tuberculosis Day'로 지정하여 기념행사를 개최하고 있다. 우리나라는 대한결핵협회 주관으로 1982년부터 2010년까지 자체적으로 기념행사를 해오다가, 2011년부터는 정부 차원에서 '결핵 예방의 날' 행사를 열고 있다.

페니실린을 무력화시킨 결핵균의 비책

결핵균은 '미코박테리움Mycobacterium' 집안(분류학 용어로 '속') 소속이다. 고체배지에서 키우면 종종 곰팡이처럼 가는 실 모양으로 자라기 때문에 곰팡이를 뜻하는 접두사 'myco'가 속명에 붙었다. 미코박테리움 세균은 물리적으로 튼튼하고 화학적으로 복잡한 세포벽 덕분에 다양한 환경적 스트레스를 잘 견딜 수 있어 자연환경에 널리 분포한다. 이들은 동물이 지구에 출현하기 수억 년 전부터 그렇게 살아왔다. 그런데 어류와 조류, 포유류 등 동물이 번성하자 일부 미코박테리움 세균이 동물을 새로운 서식지로 선택해 적응하며 공존하기 시작했다. 현재 미코박테리움에 속하는 세균으로는 약 100여 종이 알려져 있는데, 결핵균Mycobacterium tuberculosis과 소결핵균Mycobacterium bovis, 한센병을 일으키는 나균Mycobacterium leprae을 제외하고는 거의 다 비병원성이다.

견고한 세포벽 탓에 영양분의 투과 속도마저도 느려서 미코박테리움은 그만큼 느리게 자란다. 바로 이런 특성이 결핵균이 페니실린을 무력화시키는 비책으로 작용했다. 페니실린은 세포벽 합성 과정을 방해하기 때문에 왕성하게 성장하는 세균에게만 효과가 있다. 휴지 상태에 있거나 결핵균처럼 아주 느리게 자라는 세균은 페니실린의 공격 대상에서 제외된다.

들숨으로 허파에 도착한 결핵균은 보통 허파꽈리(폐포) 안에 있는 대식세포백혈구의 하나로, 침입한 미생물을 포식해 면역 기능 유지에 중요한 역할을 한다의 식균작용몸 안에 침입한 미생물을 잡아먹는 작용 공격을 받는다. 건강한 사람의 대식세포는 침입자를 감지하면 활성화되어 이들을 거의 다 파괴한다. 그런데 대식세포가 침입자 제압에 실패하면 전세가 역전된다. 결핵균이 대식세포 안에서 천천히 증식하면서 오히려 자신의 존재를 과시하기 시작한다. 그러면 이를 감지한 대식세포들이 감염 부위로 몰려든다. 하지만 안타깝게도 모여든 대식세포 대부분은 결핵균을 파괴하지 못하고 '사이토카인cytokine' 방출만 증가시켜 염증을 유발한다. 세포를 뜻하는 접두사 'cyto-'와 움직임을 뜻하는 그리스어 'kinesis'가 합쳐져 만들어진 이름이 나타내듯이 사이토카인은 복잡한 면역 반응을 매개하는 수용성 단백질이다.

결핵균과 면역세포 사이에 싸움이 늘어지면서 결핵이라는 병명이 유래한 작은 혹, 곧 '결절'이 생기고, 병원체는 그 안에 고립된다. 대식세포가 죽어가면서 결절은 치즈 구멍 같은 '병터'로 변한다. 병터란 병원균이 모여 있어 조직에 병적 변화를 일으키는 자리를 말한다. 결핵균은 산소가 있어야만 증식할 수 있어서 산소 공급이 부족한 병터에서는 제대로 자라지 못한다. 일종의 휴면 상태, 곧 잠복기다. 여기서 더 진전하지 않으면 병터는 석회화된다. 그러나 결핵균이 버티는 동안 인체 면역 기능이 떨어지면 결핵균이 다시 기지개를 켠다.

큰 결절에는 간혹 결핵균이 급증하면서 공간이 팽창해 '결핵성 공동'이 생긴다. 병이 이 단계에서 멈추면 병변은 느리게 치유되면서 석회화가 일어나는데, 석회화는 X선 검사에서 명확하게 드러난다. 만일 병이 계속 진전되면 결국에는 결절이 파괴되어 결핵균이 폐의 기도와 심혈관계 및 림프계로 방출된다. 폐 감염의 확실한 증상인 기침은 비말로 결핵 감염을 전파한다. 병세가 악화하면 조직이 손상되어 가래에 피가 섞여 나오기도 하는데, 이게 각혈이다. 영화 〈기생충〉에서 티슈에 빨간 핫소스를 묻혀 꾸며낸 게 바로 이것이다.

세균으로 세균을 잡는다?

1940년대 초반, 흙냄새를 좋아했던 키예프(현 우크라이나) 출신 미국 미생물학자가 결핵균을 타격할 수 있는 마법 탄환을 흙에서 찾아냈다. 셀먼 왁스먼Selman Waksman은 학부생 시절부터 토양미생물을 연구하고 있었다. 그는 흙 속에서 치열하게 경쟁하며 살아가는 여러 미생물이 생존과 번식을 위해서 경쟁 상대를 물리칠 수 있는 화학물질을 만들어낼 것으로 생각했다.

1941년 왁스먼은 강력한 항생제를 만드는 토양세균을 분리하는데 성공했다. 그런데 동물 실험 결과, 아쉽게도 독성이 너무 강해치료제로 사용할 수 없었다. 하지만 그는 자기 생각이 맞다고 확신하고 토양미생물 탐색에 더욱 박차를 가했다. 그리고 몇 년 만에 스무 가지가 넘는 새로운 항균물질을 찾아냈다. 왁스먼은 미생물이 만들어내는 항균물질을 타자의 '삶biosis'을 '반대한다anti'는 의미로 '항생제antibiotics'라고 불렀다.

왁스먼이 발견한 항생제 생산 균주는 모두 방선균류에 속한다. 이들 대부분은 흙에 산다. 자연 토양 1g에는 수백만 마리의 방선균이 들어 있다. 가장 흔한 토양세균이다. 실처럼 뻗어 자라는 세균이라는 한자 이름대로 방선균放線菌은 마치 곰팡이처럼 자라면서 땅속 영양분을 빨아들인다. 토양방선균은 굉장히 다양한 종류의 화합물을 만들어낸다. 이 가운데에는 우리 후각이 익숙한 것도 있다. '지오스민geosmin'이라는 휘발성 물질인데, 이것이 흙내의 주성분이다.

1944년 '스트렙토마이신streptomycin' 발견을 계기로 왁스먼은 제약회사 머크와 공동연구를 시작해서 항생제 대량 생산의 길을 열었다. 이 항생제는 결핵균처럼 페니실린이나 설파제에 내성이 있는 병원균을 제압했다. 왁스먼은 실용성 있는 항생제는 특허를 냈고, 특허 수입의 80%를 모교이자 재직 중인 학교, 럿거스대학교에 기부했다. 1951년에는 자기 몫의 로열티 20%에서 절반을 출연해 미생물학 재단을 설립했다. 그리고 1952년, 결핵을 치료할 수 있는 최초의 항생제 스트렙토마이신을 발견한 공로로 노벨 생리의학상을 수상했고 '항생제의 아버지'라는 칭호를 얻었다.

왁스먼의 연구 이후 다양한 종류의 항생제가 토양미생물에서 분리되었는데, 이 가운데 3분의 2가 방선균의 작품이다. 이렇게 마법 탄환이 줄지어 발견되면서, 인류는 병원성 미생물과의 전쟁에서 곧 승리를 거두리라는 기대감에 더해 자만심까지 갖게 되었다. 그러나 미생물은 생각처럼 그렇게 만만한 상대가 아니었다. 불의의 일격을 받았던 그들이 전열을 정비하여 '항생제 내성'이라는 방탄 시스템을 갖추고 반격해왔다.

무분별한 항생제 사용이 만들어낸 적

6·25 한국전쟁 당시 괴사 조직 제거 수술에는 페니실린과 스트렙토마이신이 주로 사용되었다. 그 당시 도쿄 미군병원 신경외과 자료에 따르면 1951년부터 1952년까지 페니실린과 스트렙토마이신에 대한 내성을 보인 경우는 조사한 58건 가운데 각각 48과 49건이었고, 심지어 사용하던 모든 항생제에 내성을 지닌 경우도 7건이나 있었다.[61]

두 차례의 세계대전과 냉전을 겪은 뒤에도 세계 곳곳에서는 민족, 종교, 인종, 영토 등을 원인으로 분쟁이 일어났다. 대표적으로 팔레스타인 지역에서는 유대인이 이스라엘을 수립한 후 주변 아랍 국가들과 이스라엘 간에 수차례 전쟁이 발생했고(중동전쟁), 지금까지 크고 작은 무력 충돌이 끊이지 않고 있다.

전투에서 입은 상처는 광범위한 조직 손상과 세균 감염에 매우 취약하다. 게다가 열악한 환경에서 급하게 이루어지는 야전 병원 수술의 특성상 항생제 과다 사용을 일종의 심리적 보호 수단으로 삼아 위안을 얻기도 했다. 이에 전문가들은 야전 병원에서의 무분별한 항생제 사용이 내성균 발생을 가속할 수 있다고 경고했는데, 결국 우려가 현실이 되고 말았다. 21세기에 들어서 8년간 이어진 이라크 전쟁(2003.3.20~2011.12.18)에서 '이라키박터Iraqibacter'라는 새로운 내성균이 출현한 것이다.

이 세균의 정식 이름은 '아시네토박터 바우마니Acinetobacter baumannii'인데, 이라크 전쟁 동안 야전 병원에서 많이 검출되어 이라키박터라는 별칭이 붙은 것이다. 2017년 WHO는 새로운 항생제 개발이 절실한 병원균 목록을 발표하면서 'ESKAPE'를 우선순위로 지정했다. 이들은 우리 주변 곳곳에 존재하는 흔한 세균인 데다가 '다약제내성'을 보이기 때문이다. 다약제내성이란 보통 서로 다른 계통의 항생제 세 가지 이상에 내성을 보이는 경우를 말한다. 언뜻 '탈출하다'를 뜻하는 영어 단어 'ESCAPE'를 잘못 쓴 것처럼 보이지만 그렇지 않다. 이것은 현재 우리가 사용하는 주요 항생제에 내성을 보이는 여섯 가지 세균의 학명 첫 글자를 따서 만든 약어다. 장알균Enterococcus faecium, 황색포도상구균Staphylococcus aureus, 폐렴간균 Klebsiella pneumoniae, 아시네토박터 바우마니Acinetobacter baumannii, 녹농균Pseudomonas aeruginosa, 엔테로박터류Enterobacter spp.가 그 주인공들이다.

ESKAPE 세균의 위험성은 병원성 자체보다는 탁월한 환경 적응력에 기인한다. 말하자면 이들은 감염병을 일으키는 능력은 비교적 낮지만, 인체는 물론이고 생활 환경에서도 잘 살기 때문에 감염을 일으키기 쉽다. 보통 건강한 사람에게는 ESKAPE 세균이 그다지 위협적이지 않다. 하지만 면역 기능이 떨어지면 이들에 감염되기 쉬워진다. 특히 ESKAPE 세균은 병원 내 감염을 일으키는 주범이어서 이들이 다약제내성을 띠게 되면 문제가 아주 심각해진다. 게다가 다약제내성 ESKAPE는 이에 맞설 항생제 개발 속도가 현저하게 느려지는 상황에서 엄습하고 있다. 이런 난관을 극복하기 위해서는 새로운 해결사가 절실한 실정인데, 뜻밖의 존재에게 손을 내밀게 되었다. 세균을 감염하는 바이러스가 그 주인공이다.

세균 먹는 바이러스의 데뷔

1917년 프랑스 미생물학자 펠릭스 데렐Felix d'Herelle이 〈이질균에 맞서는 미지의 미생물에 관하여Sur un microbe invisible antagoniste des bacilles dysenteriques〉라는 제목의 흥미로운 논문을 발표했다. 그는 파스퇴르 연구소에서 이질균을 배양하다가 아주 신기한 장면을 목

펠릭스 데렐
Felix d'Herelle, 1873~1949

데렐과 몇몇 학자들은
세균 바이러스, 즉 파지를 세균 감염병 치료에
사용하자고 제안했다.
이른바 '파지 요법phage therapy'의 탄생이다.

격했다. 배양기 안에서 잘 자라고 있던 세균 배양액에 이질 환자의 분변 여과액을 첨가했더니 배양액이 하룻밤 사이에 맑아진 것이다. 그는 보이지 않는 무언가가 세균(박테리아)을 먹어 치운다고 직감하고, 그것에 '박테리오파지bacteriophage'라는 이름을 붙였다. 줄여서 간단히 '파지phage'라고 부르기도 하는데, 파지는 '먹는다'라는 뜻의 그리스어에서 유래했다. 이렇게 해서 세균만을 숙주로 삼는 바이러스가 세상에 데뷔하게 되었다.

논문 발표 당시부터 데렐과 몇몇 학자들은 세균 바이러스, 즉 파지를 세균 감염병 치료에 사용하자고 제안했다. 이른바 '파지 요법phage therapy'의 탄생이다. 이 기발하고 창의적인 아이디어는 아쉽게도 항생제의 그늘에 가려져 버렸다. 제약 업계가 항생제 생산에 몰두한 것도 파지 요법을 경제적 변방으로 밀어내는 데 영향을 미쳤다. 하지만 100년 후 극적인 반전이 일어났다.

2016년 미국 샌디에이고 병원 중환자실에서 장염 치료를 받던 68세 남성이 '이라키박터'에 감염되었다는 진단을 받았다. 사용 가능한 모든 항생제에 내성을 지닌 이 슈퍼박테리아 감염병에서 환자를 구하기 위한 마지막 수단으로 담당 의사는 파지 요법을 택했다. 치료 효과는 차치하고 안정성도 장담할 수 없었지만, 지푸라기라도 잡는 심정으로 보건 당국을 설득하여 기어코 긴급 사용 승인을 받아냈다.

의료진은 파지가 세균 감염 부위로 퍼져나가기를 바라면서 관을 통해 환자 위 속으로 바이러스를 주입했다. 심지어 파지 용액을 혈관에 직접 주사하기도 했다. 그때까지 미국에서 한 번도 시행된 적이 없는 파격적인 치료 방법이었다. 다음 날 환자에게 패혈성 쇼크가 왔고, 파지 주입은 즉각 중단됐다. 다행히 환자는 회복됐고, 쇼크 원인도 파지가 아닌 다른 세균 때문으로 밝혀졌다. 이틀 뒤 파지 요법이 재개되었고, 한 달이 지나자 고희를 바라보는 남성은 휠체어를 타고 바깥 공기를 쐬며 가족과 대화를 나눌 수 있었다. 그는 자신이 지구상에서 가장 큰 기니피그였다는 농담도 건넸다고 한다. 때마침 프랑스 파리에서는 박테리오파지 발견 100주년을 기념하는 학술 행사가 열렸다. 학술 대회 참석자들은 지난 1세기 동안 박테리오파지가 생명과학 기초 연구에 이바지한 바를 개괄하고, 세균성 질환 치료에 박테리오파지를 활용하는 방안을 적극적으로 제시했다.

보통 기생체는 숙주보다 훨씬 작지만 그 수는 훨씬 많다. 세균은 지구 어디에나 있는 가장 흔하고 많은 생명체다. 그만큼 거기 기생하는 바이러스도 많다. 따라서 특정 병원균을 공격하는 천적 파지를 찾는 것은 어려운 일이 아니다. 파지는 항생제 내성 문제를 푸는 해결사가 될 수 있다. 파지 요법의 또 다른 장점은 숙주 특이성이다. 유익균과 유해균을 가리지 않고 파괴하는 항생제와 달리, 파지는 표적 병원균만 타격할뿐더러 세균이 아니면 아예 건드리지도 않는다. 그렇다면 과연 파지는 다시 굴러떨어질 무거운 바위를 산꼭대기로 끊임없이 밀어 올려야 하는 시시포스의 굴레에서 우리를 벗어나게escape 할 수 있을까?

미생물의 입장에서 보면 우리가 사용하는 항생제는 일종의 감염병인 셈이다. 이전에 접한 적이 없는 새로운 감염병(항생제)에 노출되면 대부분은 치명타를 입고 쓰러진다. 하지만 개중에는 살아남는 것도 있다. 돌연변이 덕분이다. 대부분의 돌연변이는 해당 생명체에게 해로운 영향을 미치지만, 드물게 이로운 돌연변이가 나타나기도 한다. 이를테면 항생제에 노출되는 세균 집단에서 항생제 내성을 부여하는 돌연변이는 해당 세균에게 큰 이익이 된다.

일단 획득된 항생제 내성 유전자는 대물림되면서 계속 퍼져나간다. 세균의 빠른 번식 속도 때문에 아주 짧은 시간만 지나도 새롭게 내성을 지닌 세균은 큰 무리를 이룬다. 여기에 놓쳐서는 안 되는 아주 중요한 사실이 숨어 있다. 항생제가 내성 돌연변이를 일으키는 원인이 아니라는 점이다. 항생제의 공격으로 정상 세균이 사라지면 돌연변이 세균은 서식지를 독점해 번성하게 된다. 말하자면 항생제는 내성 돌연변이를 유발하는 게 아니라 선택하는 것이다. 돌연변이는 우연히, 그러나 필연적으로 발생한다. 우리가 어찌할 수 있는 대상이 아니다. 따라서 항생제 내성균의 발생을 최소화할 수 있는 최선책은 내성균에게 유리한 환경을 만들지 않는 것이다.

이제 항생제 내성 문제는 인류의 건강 및 생존과 직결되는 글로벌 이슈가 되었다. 새로운 치료제나 치료법 개발만으로는 항생제 내성균의 확산을 막을 수 없다. 이에 WHO를 비롯한 국제기구가 중심이 되어서 항생제 사용에 관한 통일된 지침을 만들어 국제 공동 대응에 나서고 있다. 이런 노력이 결실을 보려면 지구 시민 모두가 항생제 올바로 쓰기에 적극적으로 참여해야 한다. '눈에는 눈, 이에는 이'라는 말이 있다. 세계 최초의 성문법으로 알려진 '함무라비 법전'에 나오는 조항이다. 이런 처벌 방식을 정한 이유는 당시 무차별적이고 무제한으로 행해지던 복수로 인해 발생하는 피해를 막기 위해서였다. 다시 말해 입은 손해만큼만 보복하게끔 법으로 제한해 더 큰 싸움을 예방하려는 목적이었다. 우리는 싫든 좋든 미생물의 세상에서 살아야 한다. 그러다 보면 이따금 미생물과 충돌할 수밖에 없다. 이때 옛것을 익히고 그것을 통해 새것을 아는 온고지신溫故知新의 지혜를 되새겨볼 필요가 있다. 과잉 반응은 미생물의 싸움 기술이 개발되는 것을 부추길 테니 말이다.

불주사의 추억과 결핵균의 선한 영향력

80년대 이전에 초등학교(그때는 국민학교)를 다닌 이들은 불주사의 공포를 기억할 것이다. 그 당시 넉넉지 못한 나라 살림 탓에 같은 주삿바늘을 알코올램프 불로 소독해가며 여럿에게 접종한 데에서 이런 무시무시한 이름이 유래한 것 같다. 게다가 신경이 많이 분포하고 있는 피부 바로 아래에 주사약을 주입하는 특성상 다른 주사보다 더 아프기도 했고, 접종 부위에 꽤 큰 흉터를 남겼으니 이런 이름이 붙은 것도 이해가 간다. 이 불주사의 정체는 바로 결핵 예방을 위한 'BCG 백신' 접종이었다. 90년대에 주사 방식이 달라지면서 불주사의 시대는 막을 내렸다.

　BCG 백신은 최초의 결핵 치료제 스트렙토마이신보다 20여 년 앞서 개발되었다. 프랑스 출신 의사 겸 세균학자 알베르 칼메트 Albert Calmette와 수의사 카미유 게랭Camille Guerin은 장장 13년에 걸쳐 (1908~1921) 소결핵균을 3주마다 한 번씩 총 231번 새로운 배지로 옮겨 키운(계대 배양) 끝에, 병원성이 없어진 균주를 얻는 데 성공했다. 이렇게 약독화된 생균은 1921년 첫 임상 시험을 거쳐 1928년부터 본격적으로 접종되기 시작했다. BCG의 B는 결핵균이 간균 bacillus 모양인 데서 유래했고, C와 G는 백신 개발자 두 사람 성의 첫 글자를 딴 것이다.[62] BCG 백신의 결핵 예방 효용성에 대해서는 아직도 논란의 여지가 있어서, 결핵 감염 위험률이 높은 나라에서 주로 접종을 시행하고 있다. 우리나라의 경우에는 BCG 예방접종의 효과가 70% 남짓인 것으로 파악되었다.[63]

　2020년 BCG 백신이 코로나19에도 일부 효과가 있다는 놀랍고도 반가운 주장이 나왔다. 미국 버지니아 공과대학과 국립 보건원 공동 연구진이 전 국민을 대상으로 BCG 백신 접종을 시행해오고 있는 나라와 그렇지 않은 국가의 코로나19 감염 사망률을 조사·분석한 결과, 일단 수치상 최대 21배 차이가 났다. 그리고 최초 BCG 접종 나이가 어릴수록 그 효과가 더 큰 것으로 추정된다.[64] 한국은 1962년부터 영아를 대상으로 BCG 접종을 진행하고 있다. BCG 백신과 코로나19 사이의 인과관계는 아직 베일에 가려져 있지만, 어느 정도 상관성이 인정된다는 데에는 이견이 없어 보인다.[65]

인체 면역계는 대략 20만 년으로 추정되는 호모사피엔스의 생물학적 역사 속에서 다양한 미생물과 수없이 만나며 다듬어진 오랜 진화의 산물이다. 우리 면역계는 실전 경험이 없는 미완의 상태로 세상에 데뷔한다. 비유하자면 학교를 졸업하자마자 갓 입사한 신입사원과 같다. 미생물은 이런 초보 면역계에 맞춤형 체험 학습 기회를 제공해 미생물에 대한 올바른 판단 능력을 길러준다. 예를 들어 성인의 피부 표면에 가장 많은 표피포도상구균은 사이토카인의 일종인 '인터류킨interleukin'의 합성을 유도하는 것으로 밝혀졌다. 이 단백질은 몸 안에 들어온 미생물이나 해로운 물질에 맞서 싸우도록 면역계를 자극한다. 우리 면역계가 장차 마주치게 될 온갖 미생물에 대한 대처법을 함양할 수 있도록 표피포도상구균이 일종의 모의 훈련을 제공하는 것이다.

면역은 크게 선천성과 후천성으로 나뉜다. 태어날 때부터 완비된 선천성 면역의 체계는 성벽 안쪽에 해자가 있고 거기에 사나운 악어가 사는 성에 비유할 수 있다. 좀 더 생물학적으로 말하면

제1방어선(성벽)은 피부와 점막이 맡고 있으며, 그 뒤를 백혈구(악어)가 주도하는 제2방어선이 받치고 있다. 선천성 면역은 상시 작동하면서 침입 대상을 가리지 않고 신속히 반응한다.

살아가면서 길러가는 후천성 면역은 제1, 2방어선을 뚫고 들어온 침입자에게 반응하는 맞춤형 방어다. 후천성 면역은 침입자를 격퇴하는 단백질(항체)과 그것의 주요 특징(항원)을 기록하는 기억세포로 이루어진다. 이 기억세포 덕분에 백신을 만들 수 있다. 쉽게 말해서 백신이란 병원성이 없는 병원체의 일부, 즉 항원이고 이를 미량 투입해 기억세포를 만들어 대비하는 것이 예방접종의 원리다. BCG 백신은 결핵균 항원에 대한 기억뿐만 아니라 선천성 면역계 초기 훈련에도 일조하는 것으로 보인다. 어릴 적 한 번 맞은 BCG 백신, 다시 말해 약화한 결핵균이 평생 선한 영향력을 발휘할 수 있다는 가능성은 주목할 만하다. 하지만 아직 임상 시험을 통한 직접적인 증거가 없으므로 지금으로서는 조금 더 상황을 지켜볼 수밖에 없는 실정이다.

8

인간 중심주의에 날리는 경고, 한타바이러스

장미 전쟁 발발 ── **1455**

영국 튜더 왕조 시작 ── **1485** ── 영국에 괴질 유행

6·25 전쟁 발발 ── **1950**

1951 ── 한국전쟁 중 괴질 발생

1978 ── 한탄바이러스 발견

1993 ── 신놈브레 바이러스
발견

인류 역사를 들여다보면 감염병 유행은 유사 이래 끊이지 않고 불쑥거렸다. 문제는 21세기에 접어들어 병원성 미생물의 나댐이 빈번해지고 그 주체도 세균에서 바이러스로 바뀌고 있는 경향이다. 도대체 무슨 일이 생긴 것일까? 아주 오래전부터 자연의 한 귀퉁이에서 있는 듯 없는 듯 지내던 이런저런 바이러스들이 경쟁이라도 하듯 번갈아 몰려오고 있으니 말이다. 한쪽이 그대로인데 상황이 급변했다면, 상대인 인간 쪽에 무슨 변화가 생긴 게 아닐까? 지구상에 일어나는 수많은 변화가 인간의 행동으로 인한 것이라는 점을 생각하면 이런 생각이 단순한 오해는 아닐 것 같다. 이 물음에 나름의 실마리를 제공하는 바이러스가 있다. 역지사지의 자세로 그 이야기를 살펴보자.

6·25 전쟁과 신종감염병의 등장

1950년 6월 25일 새벽, 북한은 소련의 비호 아래 기습적인 전면 남침을 감행했다. 압도적인 화력을 앞세운 북한군은 사흘 만에 서울을 함락하고, 빠르게 낙동강 일대까지 밀고 내려갔다. 국군과 학도병이 결사 항전으로 마지막 교두보를 지키는 동안 유엔 안전 보장 이사회는 북한을 침략국으로 규정하고 유엔군 파병을 결의했다. 곧 미국을 비롯한 16개국으로 구성된 유엔군이 참전했다.

1950년 9월 15일 인천 상륙 작전으로 전세를 뒤집은 국군과 유엔군은 9월 28일 서울을 수복하고, 그 기세를 몰아 38선을 넘어 압록강까지 진출했다. 다급해진 북한의 요청으로 중국군이 들어오면서 전쟁은 또 다른 국면으로 접어들었다. 국군과 유엔군은 서울을 다시 빼앗기고 한강 이남으로 밀렸다(1·4 후퇴). 이내 전열을 가다듬어 다시 서울을 탈환했지만, 1951년 봄부터 전황은 38선을 중심으로 교착 상태에 놓였다. 그러자 소련이 먼저 정전 협정을 제안했고, 6·25 전쟁이 자칫 세계대전으로 확대될 것을 우려한 미국도 이를 수용했다.

1951년 7월 10일 첫 공식 정전 회담이 시작되었고, 양측은 별도의 협의가 없는 한 군사 작전은 계속한다고 했다. 군사 분계선 설정, 포로 송환 방식에 대한 이견 등으로 정전 회담은 2년여를 끌었다. 남북 간 경계선이 전쟁 전의 38선이 아니라 정전 시점의 군사 접촉선으로 합의되었기 때문에 회담 종료일(1953년 7월 27일)까지 전선에서는 치열한 혈전이 계속되었다. 하루가 멀다고 주인이 바뀌는 고지 쟁탈전에서 엄청난 인명 피해는 불가피했다. 설상가상으로 이 참혹한 전선에 정체 모를 병마까지 똬리를 틀고 있었다.

1953년 10월호 〈미국 공중보건학회지American Journal of Public Health〉에 실린 한 논문의 제목 위에 이런 내용의 문구가 있다. "이 논문에서는 언론을 통해 널리 알려진 특이한 감염병을 다룬다."[66] 그런데 정작 이 질병은 미국 본토에서 발생한 것도 아니었고, 코로나19 같은 팬데믹도 아니었다. 그런데도 왜 이 병이 미국인의 관심사가 되었을까? 그 이유는 자국 젊은이들이 지구 반대편에 있는 전장에서 이 괴질로 쓰러져갔기 때문이다.

1953년 논문에서는 이 감염병을 새로운 '유행성 출혈열'이라고 보고했다. 병명 그대로 환자에게 고열과 안구 충혈, 구강 출혈 등의 징후가 나타났다. 1951년 초여름에 전선에서 첫 감염이 나온 이후로 그해에만 1,000여 명의 미군 환자가 발생했다. 미국 의료계에는 비상이 걸렸다. 1940년대에 일본과 소련 과학자들이 만주와 시베리아 등지에서 발병 보고를 한 적은 있었지만, 미국 의료진에게는 난생처음 보는 신종감염병이었기 때문이다.

감염 환자에게는 심한 두통과 발열, 오한이 갑자기 나타났고, 보통 식욕 감퇴와 구토가 동반되었다. 39~40℃까지 치솟은 체온은 4~5일 동안 떨어지지 않았다. 그 당시 항생제를 비롯한 모든 의약품이 이 괴질 치료에는 무용지물이었다. 환자에게 적절한 영양분과 물을 공급하며 보살피는 게 주요 치료였다. 환자 대부분은 열흘 정도 앓고 나면 고비를 넘어서 회복했다. 안타깝게도 고비를 넘지 못한 환자는 주로 저혈압 쇼크로 사망했다. 부검에서 발견된 가장 두드러진 병변은 심한 출혈로 인한 콩팥 손상이었다.

휴전 협정이 조인될 때까지 환자 발생이 끊이지 않았다. UN군 환자만 3,000명이 넘었고, 사망률은 15% 정도였다. 상대가 생물학전을 감행한다고 서로 의심할 정도였지만, 이 병마의 공격은 아군과 적군을 가리지 않았다. 특히 늦봄(5~6월)과 늦가을(10~11월)에 환자가 급증했고, 나머지 기간에는 산발적으로 발병 사례가 나타났다. 그러나 병원체의 정체는 여전히 오리무중이었고, 그렇게 사 반세기가 흘러갔다.

한탄강의 이름이 붙은 바이러스

1978년 마침내 그 괴질의 원인이 들쥐의 몸 안에 사는 바이러스라는 사실이 세상에 알려진다. 대한민국의 바이러스학자 이호왕 박사가 한탄강 유역에 서식하는 등줄쥐의 폐 조직에서 문제의 바이러스를 분리하는 데 성공했다. 곧이어 이 바이러스는 '한탄바이러스Hantaan virus'로 불리게 된다. 과거에는 새로운 바이러스에 그것이 처음 분리된 장소 이름을 붙이는 것이 학계의 관례였다. 그의 연구 열정은 1988년 세계 최초로 한타바이러스 예방백신을 개발하며 거듭 빛을 발했다. 이 백신은 1990년 '한타박스'라는 이름으로 출시되어 대한민국 국산 신약 제1호가 되었다.[67]

한탄바이러스의 발견을 계기로 진단 검사가 가능해지자 한탄바이러스나 이와 유사한 바이러스가 세계 곳곳에 분포하고 있다는 사실이 확인되었다. 1981년에 이르러서는 이런 바이러스들을 하나로 묶어 '한타바이러스Hantavirus'라는 이름의 '속'으로 분류했다. 속은 중고등학교 생물 교과서에도 나오는 생물 분류 체계(종-속-과-목-강-문-계)에서 두 번째로 작은 분류 단위다.

바이러스는 살아 있는 생명체인 숙주 안에서만 증식할 수 있는 절대기생체다. 하지만 많은 바이러스가 동물 숙주에서는 별문제를 일으키지 않는다. 한타바이러스도 그런 경우다. 설치류 숙주와 한타바이러스는 수백만 년에 걸쳐 함께 지내면서 서로에게 큰 피해를 주지 않고 공존할 수 있도록 진화해왔다. 이렇게 병원체를 지니고 있지만 해를 입지 않고 감염원으로 작용하는 숙주를 '보유숙주'라고 한다.

한타바이러스는 보유숙주의 대소변과 침을 통해서 밖으로 나온다. 따라서 야생 설치류가 횡행하는 지역일수록 주변 환경에 바이러스가 많아진다. 미세한 바이러스 입자는 호흡을 통해 인체에 들

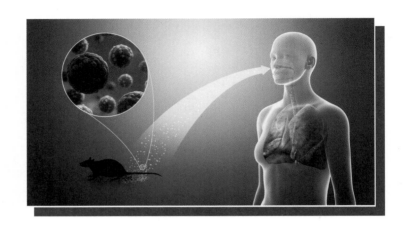

한타바이러스 감염 경로

한타바이러스는

보유숙주의 대소변과 침을 통해서 밖으로 나온다.

따라서 야생 설치류가 횡행하는 지역일수록

주변 환경에 바이러스가 많아진다.

미세한 바이러스 입자는 호흡을 통해

인체에 들어온다.

어온다.

전쟁 영화 속 단골 장면인 덤불 속 매복과 포복 등은 보병 전투의 기본이다. 6·25 전쟁의 한가운데에서 치열한 고지 쟁탈전을 벌이던 군인은 한타바이러스 감염에 취약할 수밖에 없었다. 사람을 차별하지 않는 한타바이러스의 공격에 인해전술로 남하하던 중국군의 피해는 아군보다 훨씬 더 심각했을 것이다. 미생물학적으로 추론해볼 때 한타바이러스가 적군 저지에 의도치 않게 일조했을지도 모르겠다.

평균적으로 2~3주의 잠복기를 거치는 한타바이러스 감염 증상의 정도는 사람에 따라 차이가 크다. 가벼운 몸살기만 있거나 심지어 무증상으로 지나가는 사람이 있는가 하면, 생명이 위협받는 상태로까지 병세가 악화하는 사례도 있다. 중증 환자는 고열과 근육통에 시달리다(발열기) 그 증상이 없어지고 갑자기 혈압이 떨어진다(저혈압기). 이후 소변을 잘 못 보다가(감뇨기) 다시 소변량이 많아지고(이뇨기) 나서 회복기로 접어든다. 병세가 감기처럼 시작되기 때문에 자칫 오인하여 제대로 치료받지 않으면 호흡 기능 상실, 급성신부전증, 저혈압, 쇼크 등으로 숨질 수 있다.

다행히 한타바이러스는 코로나19처럼 사람 간 전염은 일어나지 않으므로 바이러스와 직접 접촉하는 일만 피하면 예방할 수 있다. 보건 당국이 봄, 가을철에 풀밭에 침구나 옷가지를 말리거나 눕지 말라고 당부하는 이유가 바로 여기에 있다. 만약 한타바이러스 유행 시기에 야외 나들이 후 감기 증상이 나타나면 즉시 의료기관을 찾아 진료받는 게 안전하다.

우리나라에서는 1951년 이후 매년 수백 명씩 꾸준히 환자가 발생하고 있다. 2020년에도 270명의 환자가 나왔다.[68] 이는 질병관리청 감염병포털에 공개된 연간 자료(2001년~) 가운데 최저 수치이자 첫 200명대 기록이다. 2021년에는 상반기까지 86명의 환자가 발생했고, 이 추세라면 2021년에는 첫 100명대 진입이 가능해 보인다. 추측건대 코로나19 극복을 위한 마스크 쓰기와 손 씻기, 야외활동 자제 등의 효과가 아닌가 한다.

무명 바이러스라 불리게 된 바이러스

한타바이러스는 크기가 다른 RNA 조각 세 개(가장 큰 L, 중간 크기 M, 제일 작은 S)를 단백질 껍데기 안에 가지고 있다. 그리고 이를 다시 기름(지질)막이 싸고 있는데, 여기에 당단백질이 박혀 있다. 이 단백질이 숙주 세포막에 있는 수용체와 상호작용해 바이러스가 세포 안으로 들어간다. 한타바이러스 속에는 인간에게 치명적인 종과 그렇지 않은 종이 섞여 있다. 한때는 인체 병원성 한타바이러스 종은 구대륙에 국한되어 분포한다고 생각했다. 적어도 1993년까지는 그랬다.

1993년 5월 미국 뉴멕시코주 시골 지역에서 건강한 젊은 남성이 갑자기 고열과 호흡 곤란을 겪었다. 나중에는 토혈까지 했고 끝내 숨지고 말았다. 곧이어 그의 애인도 같은 증상으로 목숨을 잃었고, 일주일 동안 이곳에서 네 명의 환자가 더 나왔다. 이후에도 일주일에 한두 건씩 이런 질병이 발생했고, 안타깝게도 환자 절반이 돌아올 수 없는 강을 건넜다.

의문의 질병은 유타와 애리조나, 콜로라도 등지로 퍼져나갔다. 급기야 미국 질병통제예방센터가 나섰고 첫 희생자가 나온 지 약 한 달 만에 원인 병원체가 한타바이러스의 일종이라는 사실을 밝혀냈다. 그리고 이를 '포코너즈Four Corners 바이러스'라고 명명했다. 포코너즈란 콜로라도, 유타, 애리조나, 뉴멕시코주가 모두 맞닿아 있는 지역을 가리키는 별칭이다. 이 바이러스가 거의 동시다발로 네 개의 주를 휩쓸었다는 점에서 작명에 수긍이 간다. 하지만 그 지역 사람들의 생각은 전혀 달랐다.

주민들은 수려한 풍광을 자랑하는 포코너즈가 바이러스 이름으로 사용되면 관광 명소 이미지에 큰 타격을 입을 거라고 강력하게 주장했다. 결국 이들의 항의가 받아들여져 이 바이러스는 '신놈브레 바이러스'로 개명되었다. '신sin'과 '놈브레nombre'는 스페인어로 각각 '없는'과 '이름'이라는 뜻이다. 결국 '무명 바이러스'라는 것이니 이름치고는 상당히 우스꽝스럽다.

한 번 더 생각해보면 바이러스 이름을 짓는 것보다는 한타바이러스가 갑자기 미국 서부에 나타난 이유를 알아내는 게 더 급선무다. 6·25 전쟁 당시의 상황과는 전혀 다른 환경이니 분명 다른 요인이 숨어 있을 것으로 보인다. 도대체 평화롭고 한적한 미국 농촌 지역에 무슨 일이 있었던 걸까?

기후 변화와 감염병의 불편한 상관관계

한타바이러스가 자연환경에서 전파되는 양상을 바탕으로 기후 변화가 한타바이러스 보유숙주 집단에 영향을 미쳐 연쇄 반응을 일으킨다는 논리적 가설을 세울 수 있다. 한타바이러스 감염병 유행은 설치류 개체 밀도 변화와 직접 관련된다. 날씨나 기후 변화는 설치류 개체군(한곳에서 같이 생활하는 한 종의 생물 개체 집단) 역학에 영향을 주는 주요 요인이다.

몇 년 동안 가뭄에 시달리던 포코너즈 지역에 1993년 초, 폭설과 폭우가 내렸다. 목말랐던 대지가 촉촉해지자 그 위로 생명의 활기가 넘쳐났다. 풍부해진 먹이 덕분에 들쥐가 매우 빠르게 번식해 1993년 5월, 개체 수가 전년 대비 열 배나 증가했다. 그만큼 많은 배설물과 함께 바이러스가 주변 환경으로 퍼져나갔다.

간과하지 말아야 할 점은 이 감염병 발생 원인의 밑바닥에 지구 온난화로 인한 기상이변이 숨어 있다는 사실이다. 단비를 선물한 주인공은 '엘니뇨El Niño'였다. 엘니뇨란 원래 페루와 칠레 연안의 바닷물 온도가 올라가는 현상을 지칭했는데, 지금은 장기간 지속하는 전 지구적인 이상 기온과 자연재해를 통칭한다. 성탄절 무렵에 일어났기 때문에 아기 예수와 연관 지어 엘니뇨(스페인어로 '어린아이'라는 뜻)라고 부른다.

2000년 중반부터 유럽에서도 기후 변화에 따른 설치류 개체 수 변화와 한타바이러스 감염 증가 사례가 보고되고 있다. 도토리를 비롯한 나무 열매 생산량에 따라 설치류 개체군의 크기가 좌우된다. 보통 여름이 더울수록 결실이 많아 그해 설치류는 풍성한 가을을 맞는다. 그 덕분에 월동 성공 비율이 높아져 이듬해 봄에 더 많은 짝짓기가 이루어지고 개체 수가 급증한다. 이에 따라 한타바이러스 감염 발생도 덩달아 증가한다.

벨기에에서는 3년 주기로 발생하던 한타바이러스 유행이 2001년 이후부터 2년 주기로 짧아졌다. 비슷한 경향은 서유럽과 중유럽의 다른 국가에서도 관찰되었다. 일례로 독일에서는 2005년과 2007년에 한타바이러스 감염 사례가 정점을 찍었다. 이런 현상은 최근 들어 숲에 열매가 많이 달리는 연도의 간격이 짧아지고 있다는 사실에 부합한다. 또한 통계 자료 분석 결과 벨기에에서 한타바이러스 감염증이 증가하기 직전의 해에는 더운 여름이 찾아왔던 것으로

드러났다. 그러므로 글로벌 기후 변화에 따른 유럽 평균 기온의 상
승이 적어도 서유럽과 중유럽에서 한타바이러스 감염 발생을 증가
시킨다는 것은 분명해 보인다.

기후 변화에 더해 인간의 활동 양식 변화도 한타바이러스를 눈
에 띄게 부추기고 있다. 무분별한 난개발은 인간이 한타바이러스에
노출될 위험을 증가시키고 있다. 게다가 아직 확인되지 않은 한타
바이러스와 마주칠 가능성도 커지고 있다. 특히 아프리카처럼 다양
한 설치류가 서식하는 지역에서 더욱 그렇다. 유감스럽게도 이대로
라면 새로운 한타바이러스의 출현은 시간문제일 것으로 보인다.

한타바이러스의 주요 보유숙주는 현재 크게 두 부류, '쥣과'와
'비단털쥣과'로 나뉜다. 생쥐와 등줄쥐, 시궁쥐 등이 속한 쥣과 설
치류는 주로 구대륙에 서식한다. 반면 사향쥐와 햄스터, 나그네쥐
같은 비단털쥐류의 활동 무대는 신대륙이다. 당연해 보이지만 그
래도 흥미로운 사실은 숙주가 비슷할수록 바이러스도 유사하다는
점이다. 진화적 관점에서 보면 바이러스가 서식 환경(숙주)에 적응
해왔다는 얘기다. 이런 과정에서 숙주에 따라 바이러스의 특성도
조금씩 달라졌다. 치사율 면에서 신대륙 바이러스(35~50%)는 구대
류 바이러스(1~15%)보다 훨씬 더 위협적이다. 또한 크게 영향을 주
는 부위도 다르다. 구대륙과 신대륙의 한타바이러스는 각각 콩팥
과 허파에 주로 영향을 미친다. 여기에 근거하여 두 감염증을 공식
적으로 각각 '신腎증후군 출혈열hemorrhagic fever with renal syndrome, HFRS'

과 '한타바이러스 심폐증후군hantavirus cardiopulmonary syndrome, HCPS'이
라고 부른다.

피로 물든 장미와 함께 꽃핀 영국 발한병

'백 년 전쟁(1337~1453)'을 승리로 끝낸 프랑스 국왕 샤를 7세(친
절왕 샤를 8세의 조부)는 유럽 최초로 상비군을 운영하면서 왕권 강
화를 추진했다. 이런 그의 노력으로 프랑스가 중앙 집권 국가로 발
전할 수 있는 기틀을 마련했다는 게 역사가들의 일반적인 평가다.
반면 잉글랜드의 상황은 사뭇 달랐다. 백 년 전쟁이 끝난 지 불과
2년 밖에 지나지 않은 1455년부터 1485년까지 무려 30년간 '장미
전쟁'을 치렀다. 각각 흰 장미와 붉은 장미를 문장으로 삼은 요크
가와 랭커스터가 사이에 벌어져 훗날 장미라는 아름다운 단어가
붙었지만, 실상은 피비린내 나는 왕좌의 게임이었다.

1485년 랭커스터가의 헨리 튜더Henry Tudor가 보즈워스 전투에서
대승하며 전쟁을 끝내고 헨리 7세로 즉위했다. 곧이어 그는 요크가
의 공주 엘리자베스Elizabeth of York를 왕비로 맞아들이고, 두 가문의
장미를 합쳐서 '튜더 로즈Tudor rose'라는 새로운 왕실 문장을 만들
어 화합을 도모했다. 이후 장미가 영국 국화가 되었고, 튜더 로즈

는 지금도 영국 왕실 문장에 쓰이고 있다.

　1485년 헨리 7세가 왕좌에 앉은 바로 그 무렵 괴질이 돌기 시작해서 한 달 반 만에 약 1만 5,000명의 목숨을 앗아갔다. 1502년 헨리 7세의 맏아들이자 영국 왕위 계승자인 아서 튜더Arthur Tudor 왕자가 16번째 생일을 몇 달 앞두고 이 병으로 생을 마감했다. 왕자의 급작스러운 병사는 영국 역사의 흐름을 크게 바꾸어놓았다. 1509년 부왕 서거 후, 차남 헨리 8세가 왕위에 올라 영국 개혁의 길을 열었기 때문이다. 헨리 8세는 재위 기간 중 종교 개혁, 영국 국교회 수립, 정치적 중앙 집권화 같은 굵직한 성과를 거두었다. 반면에 그는 여섯 번의 결혼을 비롯한 여성 편력과 과도한 왕실 비용 사용 및 화폐 발행, 공유지 사유화를 통한 농민 수탈 등으로 악명 높기도 하다.

　'영국 발한병English sweating disease'이라고 불리는 괴질의 원인 병원체를 규명하기 위한 노력이 끊이지 않았다. 발진티푸스균과 인플루엔자 바이러스가 초기 용의선상에 올랐다. 발진티푸스는 증상이 일단 나타나면 훨씬 더 빠르게 병세가 진행된다. 인플루엔자는 기침과 같은 호흡기 증상과 2차 폐렴이 보통 동반된다. 그런데 과거 영국 발한병 관련 기록에는 이런 언급이 전혀 없다. 그래서 이 두 감염병에 대한 의심은 근거가 빈약하다.

　21세기에 와서는 한타바이러스가 가장 유력한 용의자로 지목되고 있다. 현존하는 문헌에 남아 있는 관련 기록에 따르면, 1485년에 처음 나타나 1551년까지 다섯 차례 대유행을 일으킨 괴질은 보통 여름에 나타났다. 환자는 갑자기 열이 나다가 관절통과 두통을 느끼고 무기력해졌다. 시간이 지나면서 호흡이 가빠지고 하루 이틀 만에 세상을 떠나기 일쑤였다. 발병은 주로 시골 지역에서 산발적으로 일어났고 열악한 환경이나 위생상태와 관련한 질병은 분명 아니었다. 그 증세와 발병 양상은 한타바이러스 감염증과 비슷한 데가 많다.[69]

영국 발한병의 인과관계에 대한 확증은 아직 없고, 추측과 정황 증거에 근거한 주장만 난무할 뿐이다. 그러므로 한타바이러스가 범인이라고 단정할 수는 없다. 당시 피해자 유골에서 원인 병원체의 흔적 같은 직접적인 증거를 찾지 못하는 이상, 영국 발한병을 일으킨 범인은 미스터리로 남을 것이다. 현재로서는 "불가능한 요소를 모두 없애고 난 뒤, 아무리 믿을 수 없는 것이 남는다고 해도 그것이 진실이다"라는 명탐정 셜록 홈스의 말에 따라 한타바이러스를 가장 유력한 용의자로 추정할 뿐이다.

인간이 지구의 주인이라는 착각

보유숙주 밖으로 나온 바이러스는 일정한 시간 내에 새로운 숙주를 만나야 한다. 그렇지 않으면 바이러스는 사멸한다. 그런데 숙주 갈아타기 과정에서 인간이라는 낯선 숙주를 만날 기회가 점점 많아지고 있다. 일반적으로 동물에서 유래한 바이러스가 인간에게 치명적인 근본 이유가 바로 이 '낯섦'이다. 이해를 돕기 위해 비유를 해보겠다. '우리 집인 줄 알고 들어갔는데 생전 처음 보는 곳이다. 당황스러워서 어찌할 바를 모르다가 빨리 나오려고 발버둥을 치다 보니 그만 그 집에 치명적인 피해를 주고 만다.' 여기서 침입자가 바이러스, 집은 숙주다.

미생물학은 병원성 미생물과의 전쟁을 통해서 발전해온 학문이다. 앞서 설명한 대로 미생물과의 개전 초기, 인류는 항생제와 백신을 앞세워 승승장구하면서 완승을 확신했다. 하지만 이는 인간의 오만방자한 착각이었다. 감염병은 흘러간 역사 속에 묻힌 과거사가 아니다. 새로운 환경에 빠르고 효율적으로 적응해나가는 병원성 미생물들이 새로운 감염병을 계속 유발하고 있기 때문이다. 자연계에는 아직 우리가 접하지 못한 미생물이 무수히 존재한다. 인간이 미생물에 대한 새로운 대응전략을 내놓으면 미생물은 스스로 변화하여 새로운 전술로 우리의 전략에 대응한다. 이러한 과정 속에서 우리 인간은 다시 변화한 미생물의 영향을 받는다.

신종감염병의 증가는 병원체가 진화한다는 사실에 기초하지만, 세계화와 지구촌 시대를 맞이하여 여행이 폭발적으로 증가했으며, 운송이 확대된 것과도 깊은 관련이 있다. 사람들은 교통이 편리해진 만큼 더 많이 여행하고 더 자주 사람들을 만난다. 그리고 그렇게 사람들의 이동과 교류가 잦아질수록 기존의 질병은 새로운 지역 또는 집단으로 자연스레 확산한다. 또한 환경 파괴와 기후 변화 등으로 인해 이전에는 좀처럼 접하지 못했던 감염성 병원체에 새롭게 노출되는 경우가 많아졌다.

최근 심각한 문제로 대두되고 있는 신종감염병의 창궐 문제는 인류의 생존을 위해서 반드시 해결해야만 하는 과제다. 그러나 세계적으로 다각적인 노력이 계속되고 있음에도 아직 확실한 해결책은 제시되지 못하고 있으며, 지금과 같은 사후 대처 방식은 근본 해결책이 될 수 없다는 사실만 인식하게 되었다. 우리는 싫든 좋든 미생물의 세계 안에서 살아가야 한다. 인간 세상에 선한 사람만 있는 것이 아니듯이, 미생물 세계에도 '못된 것(병원성 미생물)'이 존재한다. 이 병원성 미생물이 현대인의 변화한 생활방식에 편승해 세를 불려가면서 시도 때도 없이 기습 공격을 감행하고 있다. 그것도 싸움의 기술을 능수능란하게 바꾸어가면서 말이다.

"자연! 우리는 자연에 둘러싸여 자연과 하나가 되었다. 자연에서 떨어져 나올 힘도, 자연을 넘어서 나아갈 힘도 없이." 현재 세계 최고의 권위를 자랑하는 과학 학술지 〈네이처Nature〉 1869년 11월 4일 자 창간호 머리글을 여는 독일의 대문호 요한 볼프강 폰 괴테 Johann Wolfgang von Goethe의 아포리즘이다. 이 글을 쓴 당대의 거물 생물학자 토머스 헉슬리Thomas Huxley는 괴테의 말을 인용해 자연의 위대함에 대한 경외심을 강조함으로써 〈네이처〉 창간에 의미를 부여하고자 한 것으로 추측한다. 나아가서 21세기를 살아가는 우리에게 인간 중심적 환경관에서 벗어나 생태주의적 가치관으로 의식을 전환하지 않고는 환경문제를 근본적으로 해결할 수 없다는 메시지를 남긴 것으로 보인다. 이에 대해 함께 융합 연구를 하는 철학자 김동규 박사와 나눈 대화를 소개한다.

> 인간의 지식은 절대자의 지식도 아니고 자연 그 자체도 아닙니다. 언제까지나 자연의 그림자일 뿐입니다. 신이 있다면, 신이 생각하거나 말한 것은 곧바로 현실이 됩니다. 신은 사유와 존재가 완벽히 일치한다고 합니다. 절대자이기 때문입니다. 하지만 인간의 사유는 언제나 존재와 일치하지 않습니다. 이 간극이 인간의 유한성을 보여줍니다. 인식의 최대치는 어쩌면 이 간극을 직시하는 데 있을 것 같습니다. 그렇다면 인간 중심의 구심력과 중심 이탈의 원심력이 절묘한 균형을 이루는 지점이 인간의 자리라고 말할 수 있지 않을까요? 아무튼 인간 중심주의에서 완벽히 벗어나는 것은 무척 어려운 일입니다.[70]

지구 전체로 보면 생명이 숨을 쉬는 땅과 물, 공기를 아우르는 공간은 지구 표면의 극히 얇은 층이다. 그런데 이런 생물권의 극히 일부를 차지하며 사는 인간이 이곳의 주인 행세를 하고 있다. 반면 미생물은 생물권 전체의 물질 순환을 관장하고 화학 균형을 유지해 모든 생명체의 존립에 필수적인 역할을 은밀하게 수행하고 있다. 한마디로 지구에서 살아가는 눈에 보이는 모든 삶은 보이지 않는 미생물에게 의존하고 있다는 얘기다. 이제 인간도 지구 생태계를 이루는 일원일 뿐이라는 사실을 겸허히 받아들이고 인간 중심주의를 극복하기 위해 노력하지 않으면 감염병 시대를 살아가기 어려울 것이다.

9___

그리스 문명과 제국주의의 운명을 바꾼 미생물, 장티푸스균

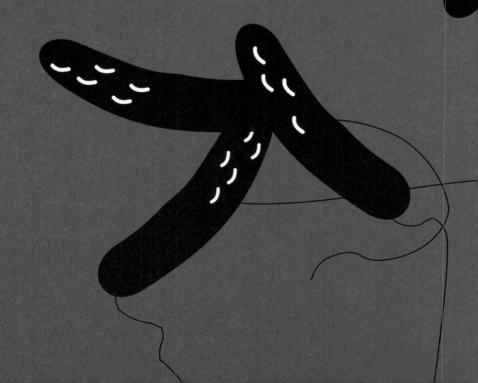

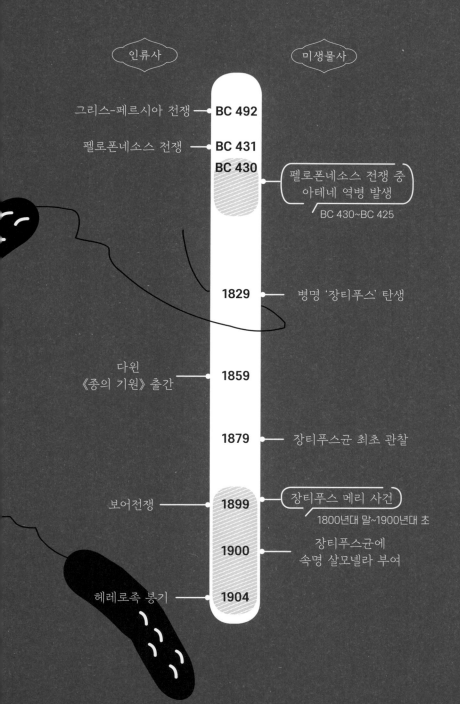

인류사

미생물사

그리스-페르시아 전쟁 — BC 492

펠로폰네소스 전쟁 — BC 431

BC 430

펠로폰네소스 전쟁 중
아테네 역병 발생
BC 430~BC 425

1829 — 병명 '장티푸스' 탄생

다윈
《종의 기원》 출간 — 1859

1879 — 장티푸스균 최초 관찰

보어전쟁 — 1899

장티푸스 메리 사건
1800년대 말~1900년대 초

1900 — 장티푸스균에
속명 살모넬라 부여

헤레로족 봉기 — 1904

앞선 장들에서는 주로 중세 이후 작은 미생물 하나가 인류에 미친 큰 영향력을 살펴보았다. 그런데 그보다 훨씬 앞서 서양 문명의 문을 연 고대 그리스 역시 미생물의 영향으로부터 자유로울 순 없었다. 한 미생물이 없었다면 그리스의 운명이 바뀌어 서양, 더 나아가 세계의 문명이 지금과는 다른 모습을 하고 있을지도 모른다.

기원전 10세기 무렵부터 '폴리스'라는 도시 국가가 그리스 지역에 들어서기 시작했다. 산이 많고 평야가 적은 지형 특성상 고대 그리스인들은 해안 가까이 있는 평지를 중심으로 정착했다. 그런 다음 정착촌 방어를 위해 높은 언덕에 성이나 요새를 쌓았는데, 이것이 폴리스로 발전했다. 폴리스는 정치·경제·사회 생활의 기본 단위였다. 폴리스의 중심에는 '아크로폴리스acropolis'가 있었고, 그

아래에는 '아고라agora'가 위치했다.

아크로폴리스는 '높은 도시'라는 뜻으로 폴리스 중심이나 배후에 있던 언덕을 이르는 말이다. 폴리스의 종교적·정치적 중심이 되는 장소인 아크로폴리스에는 수호신을 모시는 신전이 세워져 있어 전시에는 최후의 보루 역할을 했다. 이 가운데 파르테논 신전이 있는 아테네의 언덕이 가장 유명한데, 흔히 아크로폴리스라고 하면 이곳을 가리킨다. 아고라는 시민들의 일상생활이 이루어지던 공공 광장으로서, 아크로폴리스가 종교와 정치의 중심지였다면 이곳은 경제생활과 예술 활동이 이루어졌던 장소다.

폴리스들은 정치적 통일을 이루지는 못했지만, 공통 언어와 종교를 바탕으로 동족 의식을 지니고 있었다. 이들은 4년마다 올림피아 제전을 열어 민족의 결속력을 키웠다. 잘 알려진 대로 오늘날 세계인의 축제인 올림픽이 여기서 유래했다. 여러 폴리스 가운데 아테네와 스파르타가 리더 자리를 두고 각축했다.

기원전 5세기경 페르시아는 소아시아에 있는 그리스 식민 도시를 병합해갔다. 이로 인해서 세 차례에 걸쳐 그리스-페르시아 전쟁(기원전 492년~기원전 479년)이 일어났고, 아테네와 스파르타를 중심으로 단결한 그리스 진영이 최종 승리했다. 그리고 얼마 지나지 않아 한 미생물이 아테네, 나아가서 그리스 문명의 운명에 지대한 영향을 미쳤다.

펠로폰네소스 전쟁 속 보이지 않는 복병

그리스-페르시아 전쟁 막바지에 여러 폴리스 대표가 에게해에 있는 섬 델로스에 모여 군사 동맹인 '델로스 동맹'을 맺었다. 초기 동맹 활동은 매우 효과적이어서 전쟁을 승리로 이끄는 데 큰 역할을 했다. 종전 후 아테네는 델로스 동맹을 주도하며 강력한 해상 국가로 발전해나갔다. 이 시기 아테네에서는 페리클레스Perikles라는 걸출한 인물이 리더십을 발휘하고 있었다. 한편 당시 아테네와 함께 그리스의 투톱으로 군림하던 스파르타는 공동의 적이 사라진 상태에서 세를 키우는 아테네가 영 마뜩잖았다.

아테네는 해군력을 바탕으로 지중해와 에게해 연안 지역 해상 패권과 무역 항로를 차지하고 부를 축적했다. 반면 육지에 기반을 둔 스파르타의 힘은 강력한 육군에서 나왔다. 할리우드 영화에서 그려지는 것처럼 스파르타 군대는 무적 전사 집단이었다. 아테네와 스파르타 사이의 힘겨루기는 마침내 '펠로폰네소스 전쟁(기원전 431년~기원전 404년)'으로 폭발했다. 전쟁은 3기로 나눌 수 있다. 처음 10년을 싸우고 8년 휴전 후 다시 10년간 맞붙어 스파르타의 승리로 끝났다.[71]

펠로폰네소스 전쟁에는 보이지 않는 복병이 있었다. 이른바 '아테네 역병'으로 알려진 전염성 감염병이다. 전쟁 발발 1년 후 아테네를 엄습한 이 역병은 4년 동안 아테네를 쑥대밭으로 만들었다. 실증적 역사 서술로 유명한 고대 그리스 역사가 투키디데스Thucydides가 《펠로폰네소스 전쟁사》에 기록한 바에 따르면 아테네 육군의 3분의 1과 민간인 4분의 1일이 고열과 구토, 설사에 시달리다가 세상을 떠났다. 아테네를 이끌던 페리클레스마저도 병마를 피하지 못했다.

아테네 역병의 정체를 두고 역사학자들과 의학자들이 수 세기 동안 논쟁했고, 이는 여전히 진행형이다. 아테네 역병을 둘러싼 논쟁이 헛바퀴를 구르는 가장 큰 이유는 미생물학적 또는 병리학적 증거가 없기 때문이다. 학자들은 20세기까지 거의 전적으로 투키디데스가 남긴 기록을 바탕으로 아테네 역병이 페스트, 인플루엔자, 장티푸스, 천연두, 발진티푸스, 홍역 등 여러 감염병이라 주장하며 갑론을박을 벌여왔다. 《펠로폰네소스 전쟁사》는 그 당시 역병 상황을 전해주는 유일한 기록물이다. 투키디데스 자신도 역병에 걸렸었기 때문에 그 증상을 체험한 상태에서 주변 사람들의 징후를 관찰할 수 있었다.[72]

비록 의사는 아니었지만 투키디데스는 신중한 관찰자이자 역사가, 그리고 환자로서 최대한 적확한 용어를 선택해 역병을 묘사했다. 그런 노력 덕분에 아테네 역병의 주요 특징을 빠뜨리거나 간과하지 않고 기록했음이 분명해 보인다. 따라서 투키디데스를 통해 역병의 정체를 밝혀내려면, 그가 서술에 사용한 용어를 정확하게 해석할 수 있어야 한다. 예컨대 '역병plague'이라는 단어는 특정 병명이 아니라 심각한 유행병을 가리키는 일반적인 용어였다. 투키디데스의 기록을 언어학적, 임상학적, 역학적으로 종합 분석한 결과 아테네 역병이 호흡기 관련 질환일 가능성은 희박한 것으로 드러났고, 천연두와 장티푸스가 유력한 후보로 남았다.

역사 기록에서 역병의 원인은 안개 속이지만, 극도로 열악한 상황을 딛고 아테네가 오랫동안 스파르타와 대등하게 맞섰다는 사실은 확실하다. 이에 근거하여 만약 그 역병이 아니었다면 펠로폰네소스 전쟁 기간도 훨씬 더 짧아지고 승패도 바뀌었을지 모르겠다는 상상을 해본다. 승자 스파르타는 고대 그리스의 일인자 자리에 올랐다. 그러나 이내 내분이 일어 혼란을 겪다가 기원전 338년에 마케도니아의 필리포스 2세Philippos II, 알렉산더 대왕의 아버지에게 정복당하고 말았다. 결국 펠로폰네소스 전쟁은 찬란했던 그리스 문명의 종말을 알리는 징조였다는 게 역사가들의 일반적인 견해다.

최신 바이오 기술로 밝혀낸 아테네 역병의 정체

21세기에 들어서 아테네 역병의 정체를 규명하기 위한 연구가 새로운 전기를 맞았다. '고유전체학paleogenomics'이라는 최신 바이오 기술이 동원되면서 안개를 걷어내기 시작한 것이다. 고유전체학이란 화석과 고인골 그리고 그 주변에서 얻은 DNA를 분석해 먼 옛날에 살았던 생명체의 유전적 특성을 알아내는 일종의 '유전자 고고학'이다. 이 신기술의 핵심은 요즘 코로나19 진단검사 원리와 똑같은 PCR 검사법이다. 1983년에 개발된 PCR, 즉 '중합효소 연쇄반응Polymerase Chain Reactions'은 극소량의 유전물질에서 원하는 표적 유전자를 인위적으로 복제해 수십만 배 증폭하는 기술이다. PCR을 이용하면 단 한 개의 DNA 조각에서 시작해 몇 시간 안에 수십억 개에 달하는 사본을 합성해낼 수 있다.

2006년 그리스 아테네대학교 연구진이 고대 그리스인이 사용했던 공동묘지에서 발굴한 고인골 치아에서 DNA를 추출하는 데 성공했다. 이를 대상으로 연구진은 그동안 제기되었던 병원체 일곱 가지(페스트균, 발진티푸스균, 탄저균, 결핵균, 천연두 바이러스, 고양이할큄병균, 장티푸스균)를 탐색했다. PCR 검사 결과 모두 음성이었고 장티푸스균 유전자만 증폭되었다. 투키디데스의 서술에 따르면, 환자는 심한 두통에 시달렸으며 눈이 충혈되고 입에서 피가 났다. 이어서 기침과 콧물, 가슴 통증이 따라왔고 구토와 설사로 고생했다. 또한 피부 발진이 생겼고 정신을 잃기도 했는데, 보통 발병 후 약 일주일 뒤부터 사망자가 나왔다고 전해진다. 장티푸스 환자에게 나타나는 증세와 상당히 유사하다. 이런 사실을 토대로 연구진은 장티푸스를 아테네 역병으로 지목했다.[73]

이들은 한발 더 나아가 2013년에는 아테네 역병이 스파르타가 저지른 바이오 테러로 시작되었다는 주장을 담은 논문을 발표했다.[74] 이 논문의 저자들은 아테네와 가까운 항구도시 피레우스에 있는 저수지에 '펠로폰네소스 동맹' 소속자가 독을 넣었다는 이야기가 있다는 투키디데스의 기록(《펠로폰네소스 전쟁사》 제2권 48)과 아테네에서 역병이 갑자기 발생했다는 사실을 결부했다. 펠로폰네소스 동맹이란 스파르타를 맹주로 하는 펠로폰네소스 반도 폴리스들의 군사 동맹이다. 투키디데스에 따르면 이 역병은 에티오피아에서 시작되어 이집트와 리비아를 거쳐 그리스 지역으로 왔는데, 가장 먼저 발병한 곳이 피레우스였다. 투키디데스는 피레우스에 우물이나 개천이 없었다고 했다. 이는 식수원 오염에 매우 취약한 환경임을 암시한다.

스파르타의 막강한 육군력을 익히 아는 아테네는 전쟁 초기부터 변방 지역을 포기하고 아테네 도시 성곽 안에서 대항하는 방어 전략을 택했다. 적군을 피하려고 많은 사람이 아테네 도시 안으로 모여들었다. 이렇게 해서 아테네는 감염병 확산에 최적의 조건인 과밀과 비위생적인 환경을 갖추었다. 이런 상황에서 고의로든 우연히든 식수원이 병원균으로 오염되면 삽시간에 대유행으로 번지고 만다. 투키디데스가 기록한 아테네처럼 말이다.

미생물학적으로 보면 감염병이란 미생물이 숙주의 몸에 들어가 증식하는 과정으로 인해 숙주에게 나타나는 이상 현상이다. 병원체가 숙주에게 주는 피해의 정도는 면역 수준에 따라 다르다. 면역에는 유전적 요소가 크게 작용하지만, 영양 상태와 스트레스, 환경 요인도 무시할 수 없다. 병원체 입장에서 나쁜 영양 상태로 심한 스트레스에 눌린 사람들로 들어찬 기원전 430년 아테네는 다양한 먹잇감이 즐비한 뷔페나 다름없었다.

티푸스는 다 비슷하다?

장티푸스는 이름이 암시하듯이 장에 세균이 침입해서 생기는 감염병이다. 5장에서 이미 언급한 대로 발진티푸스를 줄여서 부르는 티푸스와 이름이 비슷해서 두 병을 헷갈리기 쉽다. 이렇게 혼동을 주는 이름이 붙은 데에는 역사적인 이유가 있다. 17세기 중반, 영국의 저명한 의사이자 해부학자 토머스 윌리스Thomas Willis는 발열과 반점 등 겉으로 나타나는 증세는 티푸스와 비슷한데, 부검에서 소장에 궤양이 발견되는 질병을 확인했다. 그는 이를 '티푸스 유사질환'이라고 불렀다. 참고로 윌리스는 탁월한 뇌 해부 연구 업적으로 신경학의 아버지라 불리며, 당뇨병 환자의 오줌에서 단맛이 난다는 사실을 최초로 간파한 것으로도 유명하다.

오늘날 사용하는 '장티푸스typhoid'라는 병명은 1829년 피에르 찰스 알렉상드르 루이Pierre Charles Alexandre Louis라는 프랑스 의사가 만들었다. 접미사 '-oid'는 '비슷한'이라는 의미를 지닌다. 아직 발진티푸스와 장티푸스를 명확하게 구분할 수 없었던 시절이라 이런 얄궂은 작명이 이루어지고 말았다. 그 당시 루이 밑에서 공부하던 영국 의학도 윌리엄 버드William Budd 역시 장티푸스에 남다른 관심이 있었다. 영국으로 돌아와 의대를 마친 버드는 1839년, 장티푸스가 환자의 분변으로 오염된 물을 매개로, 즉 '대변-경구 경로'를 통해서 전염된다는 사실을 발견하고 논문으로 발표했다. 하지만 반응은 싸늘했다. 아직 나쁜 공기 '미아즈마'라는 먹구름이 의료계를 덮고 있던 시절이었다(55쪽 참조). 그로부터 40년 후 장티푸스균이 처음으로 관찰되었다.

1879년 독일 출신 병리학자 카를 에베르트Karl Eberth가 장티푸스로 사망한 환자의 비장과 장간막 림프샘(임파선)에서 막대 모양 세균(간균)을 발견하고 이듬해 그 결과를 발표했다. 림프샘은 림프관 곳곳에서 림프(액)를 거른다. 그냥 쉽게 진물이라고 이해해도 무방한 림프는 혈관과 조직을 연결하면서 물질 배송과 노폐물 수거 기능을 수행한다. 림프가 수거한 폐기물 가운데에는 바이러스와 같은 병원체도 있을 수 있다. 이 고약한 것들을 그대로 가지고 혈액으로 복귀했다가는 큰 사달이 날 것이다. 그래서 통과하는 검문 및 검역소가 바로 림프샘이다. 보통 림프샘은 연결 부위에 많이 분포한다. 머리와 몸이 연결되는 목, 그리고 팔다리가 몸과 연결된 겨드랑이와 샅에 몰려 있다. 간혹 몸살 따위로 아파 병원에 가면 의사가 목과 겨드랑이를 만져보는 이유가 바로 림프샘 상태를 점검하기 위해서다. 림프샘에 있는 백혈구가 림프에 섞여 들어온 침입자들을 처리하는데, 강한 적을 만나면 싸움이 치열해져 림프샘이 붓고 열이 난다.

코흐를 비롯한 세균학자들이 에베르트의 연구 결과를 연이어 확인했고, 마침내 1885년 미국 농무부 소속 연구진이 돼지콜레라로 죽은 돼지 창자에서 장티푸스균을 분리하는 데 성공했다. 그리고 1900년 장티푸스균에 '살모넬라Salmonella'라는 속명이 부여되었다. 살모넬라는 연구진을 이끌었던 동물 병리학자 대니얼 새먼Daniel Salmon의 성에서 유래했다. 그런데 실제로 이 세균을 분리한 사람은 새먼의 조수 시어벌드 스미스Theobald Smith였다. 그런데 그가 아닌 새먼이 작명에 채택된 이유는 연구책임자 이름이 논문 저자 명단의 제일 앞에 있기 때문이었다.[75]

장티푸스는 백신을 둘러싸고도 1호 논쟁이 계속되고 있다. 1904년 영국 의사 암로스 라이트는 자신이 1896년에 논문을 발표한 직후에 시행한 장티푸스 백신 접종이 인류 최초라고 공언했다. 라이트는 1942년 〈더 타임스〉에 편지를 보내, 플레밍의 업적을 적극적으로 알린 바로 그 인물이다(168쪽 참조). 3년 뒤 코흐의 제자인 독일의 세균학자 리처드 파이퍼Richard Pfeiffer가 라이트의 일방적인 주장에 이의를 제기했다. 이후 양측 공방이 이어졌는데, 과연 누가 먼저였을까?

장티푸스 백신 1호 논쟁

1888년 디프테리아균을 키운 배양액에서 병균을 걸러내도 독소는 그대로 남는다는 사실이 밝혀졌다. 그 이유는 디프테리아균이 독소를 만들어 세포 밖으로 분비하기 때문이다. 이런 부류의 독소를 통틀어 '외독소'라고 부른다.

콜레라균을 연구하던 파이퍼는 1892년 흥미로운 현상을 발견했다. 열처리로 사멸시킨 콜레라균을 기니피그에 주사했더니 여전히 치명적인 독성을 발휘한 것이다. 파이퍼는 콜레라균의 독소가 세균 안에 들어 있을 거라고 생각했다. 후속 연구를 통해 콜레라균 독소는 세포벽 구성 물질 가운데 하나임이 알려졌다. 이렇게 세균 자체에 박혀 있는 독소를 외독소와 구별해 '내독소'라고 한다.

1894년 파이퍼는 더욱 흥미로운 실험 결과를 얻었다. 콜레라에 걸렸다가 회복된 기니피그는 재차 콜레라균을 주입해도 멀쩡했다. 이런 기니피그에 콜레라균을 주입하고 일정한 시간 간격을 두고 채혈해 현미경으로 관찰했더니 콜레라균이 빠르게 뭉치고 있었다. 면역학적으로 말하자면 항체가 세균에 결합해서 이를 파괴하는 '응집반응'이다.

1895년 파스퇴르 연구소 소속 연구원 발데마어 하프킨이 베를린에 있는 '프로이센 왕립 전염병 연구소'를 찾아왔다. 앞서 말했듯이 1891년에 설립된 이 연구소는 코흐가 초대 소장으로 취임하여 이끌고 있었고, 1905년 코흐의 노벨생리의학상 수상 이후로 '로버트 코흐 연구소'로 개칭했다. 방문 목적은 콜레라가 대유행하던 인도에서 시행한 콜레라 백신 임상 시험 결과에 대해 논의하기 위해서였다. 코흐는 1883년 콜레라균을 규명한 인물이고, 하프킨은 그로부터 10년 뒤인 1893년에 최초로 콜레라 백신을 개발한 사람이다(68쪽 참조).

하프킨이 다녀간 이후로 연구소에서는 하프킨이 개발한 백신을 파이퍼가 사용하는 기니피그에 접종한 다음, 거기서 얻은 혈청피가 굳을 때 분리되는 투명한 노란색 액체이 콜레라균을 사멸시킨다는 사실을 확인했다. 이에 파이퍼는 콜레라 백신과 같은 방법으로 장티푸스 백신도 개발할 수 있을 거로 생각했다. 그는 장티푸스에서 회복한 환자에게서 채취한 혈청을 임상에서 분리한 장티푸스균에 처리했다. 예상대로 장티푸스균이 응집되었다. 이어서 순수 배양한 장티푸스균을 56℃에서 완전히 죽을 때까지 열처리했다.

두 명의 지원자가 나섰고 파이퍼는 이들에게 사멸된 장티푸스균을 주사했다. 두 사람 모두 주사 부위에 통증을 느꼈고 체온이 38.5℃까지 올라갔다가 하루 만에 정상으로 돌아왔다. 이들에게서 주사 전과 주사 후 6일과 11일이 지나서 채혈한 다음, 혈청을 분리해서 각각 기니피그에게 주사했다. 파이퍼의 바람이 이루어졌다. 11일 차 혈청이 장티푸스 예방 효과를 보였다. 또한 그렇게 생존한 기니피그의 복강에서 죽은 장티푸스균을 확인했다. 이 실험 결과는 파이퍼가 효과적인 장티푸스 백신 개발에 성공했다는 것을 의미했다.

1895년 12월, 이번에는 영국이 하프킨을 런던으로 초청해 그의 콜레라 백신 임상 시험에 관한 강연회를 열었다. 그 이후로 영국군 당국은 라이트가 책임자로 있는 병리학 실험실에서 장티푸스 백신 개발 연구를 수행하라는 결정을 내렸다. 하지만 라이트는 내키지 않았다. 그에게는 그럴 만한 이유가 있었다. 그런 결정이 내려질 무렵 라이트는 브루셀라병 백신을 개발하고 있었다. 이 감염병은 본래 소나 돼지 같은 가축이 걸리는 감염병인데 사람에게 전염되면 고열과 함께 근육통과 인후통, 피로감 등 불특정 증상이 나타나며, 병원균이 다른 장기로 퍼지면 합병증을 유발한다. 브루셀라균을 열처리로 사멸시켜 만든 백신이 동물 실험에서 어느 정도 효과를 보이자 라이트는 이것을 자신에게 주사했다. 그런데 그만 브루셀라병에 걸려 앓아눕고 만 것이다.

병에서는 회복했지만 백신 트라우마에 걸리다시피 한 라이트는 하프킨의 콜레라 백신 방식으로 장티푸스균을 사멸시켜 만든 백신은 장티푸스를 일으킬 위험이 크다고 믿었다. 그런데 어느 날 그의 태도가 바뀌었다. 그는 이런 기록을 남겼다. "파이퍼 교수와 대화하면서 열처리한 장티푸스균을 피하주사하면 특정한 응집반응이 생긴다는 사실을 알게 되었다. 그렇다면 얘기가 달라진다." 이는 파이퍼가 이미 장티푸스 백신의 개발 연구를 먼저 시작했음을 분명히 보여주는 증거다. 나아가서 여러 기록과 정황 증거를 종합해볼 때, 최초로 장티푸스 백신을 개발하고 접종을 시행한 사람은 파이 퍼일 것으로 보인다.[76]

장티푸스 백신이 보호한 제국주의

산업혁명 이후 유럽에서는 자본주의가 급속히 발전해, 19세기 후반에 이르러서는 소수의 거대 기업이 시장을 지배하는 독점 자본주의가 나타났다. 그러자 유럽 열강은 저마다 자국 산업의 발전을 위해 값싼 원료와 상품 시장 확보에 발 벗고 나섰다. 이들은 막강한 경제력과 군사력을 앞세워 약소국을 식민지로 삼았는데, 이러한 열강의 대외 팽창 정책을 '제국주의'라고 한다. 때마침 허버트 스펜서Herbert Spencer가 찰스 다윈Charles Darwin의 진화론을 사회 발전에 적용하여 주창한 '사회 진화론'이 제국주의를 정당화하는 데 한 몫 톡톡히 했다. 제국주의는 사회 진화론에 근거해 식민지를 문명화한다는 명분을 내세우며 전개되었다. 또한 이런 허울 좋은 명분은 백인종은 우월하고 유색인종은 미개하다는 인종차별주의로 이어졌다.

제국주의의 선봉장은 일찍이 산업화를 이룩한 영국과 프랑스였고, 얼마 후 통일을 이룬 독일도 제국주의 대열에 적극적으로 합류했다. 영국은 카이로와 케이프타운, 인도 콜카타를 점령하여 연결하는 '3C 정책'으로 팽창을 추진했다. 이에 질세라 프랑스는 알제리를 거점으로 사하라 사막에서 마다가스카르에 이르는 아프리카 횡단 정책을 밀어붙였다. 영국과 프랑스가 아프리카를 각각 종단과 횡단으로 나누어 차지하자 독일은 1884년부터 '독일령 남서아프리카(오늘날 나미비아 지역)'를 식민 지배했다.

라이플이라는 당시의 첨단 무기를 앞세워 아프리카 부족 전사들을 속속 쓰러뜨리며 식민지를 확장해나가던 영국은 네덜란드 이주민들이 모여 사는 보어 공화국과 충돌했다. 이것이 보어전쟁(1899~1902)이다. 영국은 천신만고 끝에 전쟁에서 이기기는 했지만 막대한 인명 피해를 보았다. 특히 장티푸스로 인한 사망자 수가 전사자 수를 앞질렀다. 이렇게 장티푸스에 데인 영국은 라이트의 강력한 주장으로 제1차 세계대전 참전 군인에게 선제적으로 장티푸스 백신을 접종했다. 그 결과 영국군 내 장티푸스 발병률은 당시 다른 참전국 군대보다 훨씬 낮았다.[77]

1904년 독일 식민지역에서 악랄한 식민지 수탈과 학대를 견디다 못한 헤레로족이 봉기했다. 이에 독일은 본국에 있던 정예부대를 투입했다. 앞서 있었던 보어전쟁에서 영국군이 장티푸스로 고전했다는 사실을 알아서인지 독일은 파병군인 전원에게 파이퍼가 개발한 장티푸스 백신을 접종했다.

장티푸스 백신의 보호 아래 독일군은 무자비한 진압을 넘어 학살을 자행했다. 심지어 독일은 백기 항복도 거부하고 무장해제 상태의 원주민들에게 무차별 총격을 가했다. 이런 만행으로 헤레로족 6만 5,000여 명이 살해되었는데, 이는 당시 헤레로족 인구의 80%에 달하는 엄청난 수치로 종족 말살이나 다름없었다. 그나마 살아남은 20%도 수용소로 끌려가 중노동과 질병, 배고픔에 시달렸다. 게다가 독일 침략자들은 흑인의 열등함을 입증한다는 터무니없는 명목으로 수감자들에게 생체 실험까지 감행했다고 전해진다.[78]

한 미국인의 이름 앞에 장티푸스가 붙은 이유

살모넬라균의 보금자리는 동물의 창자다. 살모넬라 가문 소속 균은 모두 병원성인데, 그 정도에 따라 '장티푸스 살모넬라'와 이보다 병원성이 약한 '식중독(비장티푸스성) 살모넬라'로 나눈다. 살모넬라 분류법은 특이하다. 인간을 비롯한 온혈동물에 감염하는 살모넬라균 전부를 '살모넬라 엔테리카Salmonella enterica'라는 단일 종으로 일단 묶는다. 그런 다음 이것을 '혈청형'에 따라 세분한다.

혈청형이란 혈청학적 변종을 뜻한다. 살모넬라균을 실험동물에 주입하면 해당 세균의 편모와 세포벽 성분 등이 모두 '항원'으로 작용해서 이들 구조 각각에 대해 특유의 '항체'가 감염된 동물의 혈액에 생긴다. 이런 항체를 기준으로 세균을 구별한다. 현재까지 알려진 살모넬라 엔테리카 혈청형만도 2,000개가 훌쩍 넘는다.

장티푸스는 콜레라나 이질 같은 다른 장 감염증과는 다르게 설사가 나중에 나타나고, 환자는 고열과 심한 두통에 시달리기 시작한다. 이런 특성은 장티푸스균의 감염 전략에서 비롯된다. 장티푸스균은 식균세포^{혈액이나 조직 안에서 세균이나 이물 등을 소화·분해하는 세포}에 의해 파괴되지 않고 오히려 그 안에서 증식하다가, 식균세포가 수명을 다해 용해되면 혈류로 방출된다. 발병하면 환자는 약 40℃의 고열과 계속되는 두통으로 고통받는다. 설사는 발병 후 둘째 주나 셋째 주에만 나타나며 그다음에 열이 떨어지는 경향이 있다. 심한 경우 창자벽에 궤양과 천공이 생겨 사망에 이른다. 항생제 치료 도입 이전에는 사망률이 보통 20% 정도였고, 치료가 가능한 오늘날에는 1% 미만이다. 장티푸스에서 회복된 환자의 일부(약 1~3%)는 만성 보균자가 된다. 이들은 쓸개에 병원체를 보유한 채로 계속해서 세균을 퍼뜨린다. 20세기 초반 한 미국 여성이 '장티푸스 메리 Typhoid Mary'라는 별칭까지 얻으며 감염병 역사에 이름을 남겼다.

1884년 아일랜드에서 이민 온 메리 맬런Mary Mallon은 요리를 천직으로 여기며 뉴욕의 부잣집을 옮겨 다니면서 요리사로 일했다. 그런데 장티푸스 유행 시기에 감염원을 추적하던 한 의사가 맬런이 환자들의 요리사로 늘 등장한다는 사실을 알아냈다. 반년에 걸친 수소문 끝에 뉴욕의 한 저택에서 그녀를 찾아냈다. 맬런은 7년 동안 여덟 번 집을 옮겼는데, 그 가운데 일곱 집에서 그녀가 머무는 동안 장티푸스 환자가 발생한 것으로 확인되었다. 검사 결과 그녀는 만성 장티푸스균 보균자로 밝혀졌다.

언론에서는 '장티푸스 메리 사건'이라고 부르며 대서특필했고, 심지어 그녀를 마치 마녀처럼 묘사하기도 했다. 대중은 그녀를 살인마로 여겼다. 실정법상 아무 죄도 없었지만 말이다. 그렇다고 맬런에게 아무런 책임이 없다는 얘기는 아니다. 그녀도 문제였던 것이 아무리 설명해도 자신이 장티푸스 보균자라는 사실을 받아들이지 않았고, 자기가 음모의 희생자라고 주장했다. 1910년 맬런은 다시는 남을 위해 요리하지 않고, 정기적으로 보건 당국에 근황을 보고하겠다는 조건으로 격리에서 풀려났다. 하지만 그녀는 홀연히 사라져버렸다.

1915년 어느 날 한 병원에서 장티푸스 집단 발병이 일어났다. 이때 누군가 장난삼아 그 병원 요리사에게 "장티푸스 메리가 아니냐"고 묻자 그 사람은 혼비백산 줄행랑을 쳤다. 신고를 받고 출동한 보건 당국 요원들이 찾아내어 체포하고 보니 바로 맬런이었다. 그녀는 브라운 부인이라는 가명으로 5년이나 요리사로 일했던 것으로 드러났다. 물론 그 기간에도 장티푸스가 여지없이 따라다녔다.

미국에서 건강한 보균자로 알려진 첫 번째 사례인 맬런은 사망

'장티푸스 메리'라 불린 메리 맬런

언론에서는
'장티푸스 메리 사건'이라고 부르며
대서특필했고, 심지어 그녀를 마치
마녀처럼 묘사하기도 했다.
대중은 그녀를 살인마로 여겼다.

자 다섯 명을 포함해 적어도 122명의 장티푸스 감염에 대한 책임이 있는 것으로 입증되었다. 하지만 맬런에 대한 뉴욕 보건 당국의 대응에 대해서는 석연치 않은 점이 많다. 두 차례의 격리 과정에서 자신이 위험인물이라는 사실을 맬런에게 제대로 이해시키고 치료하기 위한 노력을 하기보다는 그녀를 다분히 실험실 동물처럼 대했다. 의료진은 그녀에게 병원균의 온상인 쓸개를 제거하는 수술을 받을 것을 권고했다. 그녀는 이를 거부했고 결국 병원에 강제로 격리 수용되었다. 참고로 당시에는 쓸개 제거 수술 후 사망률이 매우 높았다. 그래도 맬런은 꼬리에 꼬리를 무는 검사를 견뎌내며 다시 요리할 날만을 손꼽아 기다렸다. 하지만 그러는 사이에 그녀는 보건법과 언론의 희생양이 되어버렸다.

맬런이 홀로 격리된 채로 쓸쓸히 삶을 마감할 무렵까지 뉴욕 보건 당국은 400명 이상의 장티푸스균 보균자를 확인했다. 하지만 맬론처럼 강제로 감금되거나 무뢰한으로 낙인찍힌 사람은 아무도 없었다. 이 때문에 맬런이 이민자 여성이라는 이유로 가혹한 차별을 받았다고 주장하는 이들도 있다. 소위 장티푸스 메리 사건은 공공의료 시스템의 감염병 보균자 관리 부실과 이로 인해 어떻게 사회적 편견과 차별이 유발되는지를 보여주는 완벽한 사례다.[79] 감염병 시대를 살아가야 하는 우리에게 이 사건은 환자 보호와 질병 예방에 대해 시사하는 바가 크다.

코로나19 사태를 겪고 있는 2021년 지구촌에도 장티푸스 메리의 그림자가 드리우고 있다. 낙인과 혐오를 넘어서 증오 범죄라는 경악스러운 일까지 일부 지역에서 벌어지고 있다. 감염은 사람을 가리지 않는다. 누구나 현대판 '장티푸스 메리'가 될 수 있다는 얘기다. 1947년 발표된 알베르 카뮈Albert Camus의 소설 《페스트》에 이런 구절이 있다.

> 그 당시 페스트는 실질적으로 모든 것을 뒤덮어버렸다고 말할 수 있을 정도였다. 개인의 운명은 더 이상 있을 수 없었고, 페스트라는 집단적인 사건과 모든 사람의 감정만 존재했다. 가장 두드러진 것은 이별과 유배의 감정으로 거기에는 두려움과 반항심이 내포되어 있었다.[80]

감염병 팬데믹이 전통적 유대감을 파괴하고 우리를 자기밖에 모르는 외톨이로 만들어버릴 수 있다는 의미로 이해된다. 이를 치유하려면 '정신적 백신'이 필요하다. 아마도 그건 소통과 배려, 나아가 사랑이 아닐까.

10____

두 얼굴의
미생물 가문,
클로스트리듐

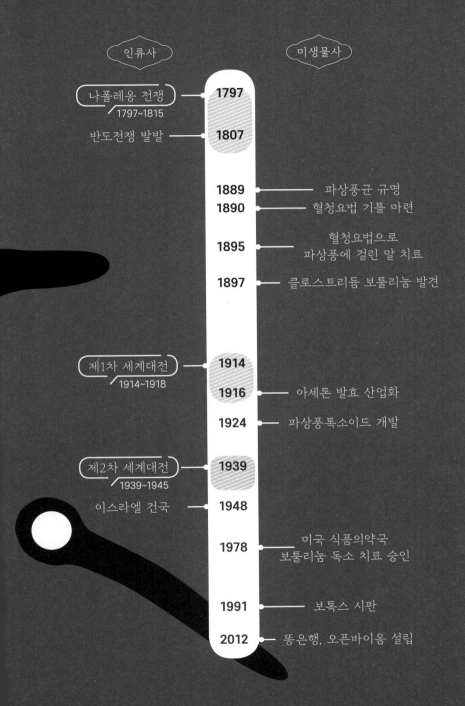

인류사

미생물사

나폴레옹 전쟁
1797~1815

1797

1807
반도전쟁 발발

1889 ──── 파상풍균 규명
1890 ──── 혈청요법 기틀 마련

1895 ──── 혈청요법으로
파상풍에 걸린 말 치료

1897 ──── 클로스트리듐 보툴리눔 발견

제1차 세계대전
1914~1918

1914

1916 ──── 아세톤 발효 산업화

1924 ──── 파상풍톡소이드 개발

제2차 세계대전
1939~1945

1939

1948
이스라엘 건국

1978 ──── 미국 식품의약국
보툴리눔 독소 치료 승인

1991 ──── 보톡스 시판

2012 ──── 똥은행, 오픈바이옴 설립

프롤로그에서 말했듯이 지구 최초의 생명체는 적어도 36억 년 전에 출현한 세균이다. 그리고 6억 년 정도 더 지나서 등장한 시아노박테리아가 광합성 수행 중에 산소를 내뱉으며 지구 환경을 혁신해나갔다. 그렇다면 애당초 세균은 무산소 환경에서 살았다는 얘기가 된다. 실제로 거의 모든 세균은 산소 없이도 숨을 쉬는 능력을 갖추고 있다. 이런 세균의 숨쉬기를 산소를 이용하는 '산소 호흡(유기 호흡)'과 구별해 '무산소 호흡(무기 호흡)'이라고 한다.

대부분의 세균은 산소 유무에 따라 산소 호흡과 무산소 호흡을 자유자재로 구사하지만, 일부는 무산소 호흡밖에 할 줄 모른다. 모르는 정도가 아니라 산소가 있으면 죽고 만다. 원시 지구의 대기 환경을 보여주는 세균의 특성이라고 생각한다. 이들 '절대 혐기성嫌

氣性 세균'이 산소 앞에 속절없이 쓰러지는 이유는 '활성산소' 때문이다. 활성산소란 유산소 환경에서 살다 보면 불가피하게 세포 안에서 만들어지는 변형된 산소를 총칭한다. 활성산소는 반응성이 너무 커서, 마치 뻔뻔한 불한당처럼 세포나 세포 구성 물질에게 괜히 시비를 걸어 해코지한다. 활성산소가 노화의 주요 원인 가운데 하나로 꼽히는 이유다.

산소 호흡을 하는 모든 생명체는 활성산소를 제거하는 효소를 가지고 있다. 그런데 절대 혐기성 세균은 이런 효소를 갖추지 못해서 우리에게는 '생명수'와 같은 산소가 이들에게는 '사약'이 되고 만다. 그래서 이들은 산소를 피해 저마다 살 곳을 찾아 숨어든다. 장구한 우주 시간의 흐름 속에 다양한 동물이 속속 출현하면서 이들에게 새로운 보금자리를 제공했다. 바로 인간을 비롯한 동물의 창자다.

그렇다면 동물의 창자 속에 살다가 분변을 통해 밖으로 나왔을 때는 어떻게 살아남을까? 앞서 소개한(94쪽 참조) 내생포자가 이들에게 훌륭한 생존 수단이 되어주었다. 내생포자 상태로 흙과 같은 자연환경 곳곳에 잠복하다가 먹이와 함께 다시 동물의 소화관으로 복귀할 수도 있고, 상처를 통해 신체 조직으로 들어갈 수도 있다. 일례로 가스괴저균학명: 클로스트리듐 퍼프린젠스, Clostridium perfringens은 상처로 침입해 '가스괴저병'을 일으킨다. 이름 그대로 조직이 썩고 가스가 발생하는 감염병으로 과거 전쟁터에서 수많은 목숨을 앗아갔다. 다행히 개선된 수술 치료와 항생제 사용으로 전장에서 '가스괴저병'의 위협은 거의 제거되었다. 참고로 제1, 2차 세계대전에서 가스괴저병 발병률은 각각 5%와 1.5%였고, 이에 따른 사망률은 각각 28%와 15%였다. 6·25전쟁에서는 발생률이 0.08%로 떨어졌고, 가스 괴저병 사망자는 한 명도 없었다.[81] 또한 이 족속에는 강력한 독소를 만들어 인간의 생명을 위협하는 것부터 유용한 화합물을 만들어주는 것까지 아주 다양한 세균들이 들어 있어서 알게 모르게 인류 역사에 큰 영향을 미쳐왔다.

인류의 탄생부터 함께한 파상풍

스코틀랜드 출신 외과 의사이자 해부학자 겸 신경학자인 동시에 화가로서도 손색없는 찰스 벨Charles Bell은 부상 군인의 모습을 생생하게 화폭에 담아 남겼다. 에든버러 영국 왕립 외과대학에 걸려 있는 그의 작품 가운데에는 심각한 파상풍 증세로 고통받고 있는 남자의 모습을 보여주는 것도 있다. 그림 속 주인공은 '코루냐 전투'에서 입은 총상을 통해 파상풍균에 감염된 영국 군인이다.[82] 코루냐 전투란 영국-스페인-포르투갈 연합군과 나폴레옹이 이끄는 프랑스군이 맞붙은 반도전쟁(1807~1814) 중에 1809년 스페인의 라 코루냐에서 벌어진 싸움이다.

'몸을 다치거나 물건, 건물 따위가 부서져서 상함, 또는 그런 상처나 흔적'을 뜻하는 '파상破傷'이라는 단어에서 알 수 있듯이, 파상풍은 상처를 통해 인체에 들어온 파상풍균학명: 클로스트리듐 테타니, Clostridium tetani이 증식하면서 분비하는 신경독소가 중추 신경, 특히 척수를 침범해서 일어난다. 잠복기가 짧게는 사흘, 길게는 3주에 이르는데, 보통 감염 후 2주 이내에 발병한다. 초기에는 상처 주변에서만 근육 경직이 나타나다가 목과 턱 근육으로 옮아가 심해져서 입을 벌리지 못하는 마비 증상이 나타난다. 그래서 영어로는 파상풍tetanus을 '입벌림장애lockjaw'라고 부르기도 한다. 병세가 더 악화하면 등 근육이 수축해 등이 활처럼 휘어지는 후궁반장(활 모양 강직)이 일어난다.

파상풍은 기원전 15세기 고대 이집트 기록에도 임상적 서술이 있을 만큼 오래전부터 인류를 괴롭혀온 감염병이다. 파상풍균이 내생포자를 만들어 자연환경에 산재한다는 사실을 고려하면 파상풍은 인류가 탄생한 순간부터 시작된 감염병일 것이다. 특히 전쟁 중에는 가스괴저균과 더불어 파상풍균이 총칼보다 더 많은 인명을 앗아갔을 것으로 추정한다.

파상풍균의 최초 분리 역시 코흐의 연구실에서 이루어졌다. 1885년부터 코흐의 문하생으로 있던 일본의 세균학자 기타사토 시바사부로北里柴三郎가 1889년 파상풍 환자에게서 파상풍균을 분리해 실험동물에 주입하면 파상풍이 발병한다는 것을 입증했다.

기타사토는 파상풍균이 산소에 민감하고 열에 유독 강하다는 사실을 간파하고 파상풍균 순수 배양법을 개발하는 데 성공했다. 이 무렵 코흐 연구진에 비범한 독일 과학자 에밀 폰 베링Emil von Behring이 합류했다. 디프테리아 연구를 시작한 그는 이내 기타사토 와 공동 연구를 하게 되었다. 1890년 이들은 디프테리아에 면역을 획득한 동물의 혈액은 그 독소를 중화하는 능력이 있다는 사실을 발견했다.

이들은 그런 혈액을 '항독소antitoxin'라는 새로운 용어로 불렀고, 이를 이용한 치료를 '혈청요법'이라고 명명했다. 베링과 기타사토는 곧이어 파상풍을 대상으로도 같은 현상을 발견하여 면역혈청을 환 자에게 주사해 병의 독소를 중화하는 혈청요법의 기틀을 마련했 다. 이런 연구 성과를 인정받아 두 사람은 1901년에 만들어진 노벨 상 생리의학상 부문 후보로 거론되었지만, 최종 결과는 베링의 단 독 수상이었다.

1895년 파스퇴르 연구소에서 파스퇴르를 도와 백신 연구를 하 던 수의사 에드몽 노카르Edmond Nocard는 혈청요법으로 파상풍에 걸린 말을 치료하는 데 성공했다. 말똥에는 파상풍균이 많아서 작 은 상처로도 말이 파상풍에 걸리곤 했다. 그 당시 말은 와인과 유 제품을 비롯한 각종 물품 운반과 인력 수송을 담당하는 매우 중요 한 가축이었다. 따라서 노카르의 연구 성과는 사람들에게 의학적으로만이 아니라 경제적으로도 큰 도움을 주었다.

제1차 세계대전이 발발하자 군 병원에서 부상병을 대상으로 파상풍 혈청요법을 즉시 도입했다. 이런 노력 덕분에 1,000명당 거의 열 명꼴로 발생하던 파상풍 환자가 두 명 이하로 줄었고, 사망자는 거의 나오지 않았다. 전쟁을 통해 검증된 혈청요법의 효과는 전후 파상풍 치료 및 예방 연구에 더욱 박차를 가하게 했고, 마침내 1924년 '파상풍톡소이드tetanus toxoid'가 개발되었다. 파상풍균이 만드는 신경독소를 약품 처리해서 무독화한 이 독소를 예방접종하면 면역 효과를 얻을 수 있다. 파상풍톡소이드는 제2차 세계대전에서 널리 사용되었다.[83]

유럽 경제 위기와 소시지 중독

프랑스는 백 년 전쟁을 승리로 끝낸 15세기 중반부터 일찍이 안으로는 왕권 강화를 통한 중앙 집권화를, 밖으로는 정복 전쟁을 통한 팽창을 추구했다. 프로이센과 영국을 비롯한 주변 국가에 이런 프랑스는 늘 경계 대상이었다. 그러던 차에 프랑스 대혁명(1789년)을 통해 합법적으로 즉위한 절대군주 루이 16세가 혁명정부에 의해 폐위되어 단두대에서 처형되자, 주변국들이 손잡고 프랑스를 공격할 명분과 이해관계를 가지게 되었다. 영국을 중심으로 주변국들이 뭉쳐 국왕 살해범들을 처단하고 프랑스 대혁명의 파급을 막는 동시에 나폴레옹의 대륙 지배에 대항하기 위해, 1793년부터 1815년까지 다섯 차례에 걸쳐 군사 동맹을 맺었다. 이른바 '대對프랑스 동맹'이다.

나폴레옹은 대프랑스 동맹을 격파하고자 전쟁을 벌여 오스트리아, 프로이센, 러시아를 연이어 격파하고 신성 로마 제국을 해체했다. 이렇게 육전에서 연전연승하던 그는 트라팔가르 해전에서 영국에 패하면서 기세가 한풀 꺾였다. 이후 나폴레옹은 영국을 고립시키기 위해 유럽 대륙과 영국의 무역을 금지하는 대륙 봉쇄령을 내렸다. 그런데 러시아가 이를 어기고 영국과 무역을 계속하자 1812년 러시아 원정에 나섰다. 그러나 러시아의 후퇴 전술과 혹독한 추위로 나폴레옹의 군대는 타격을 입고 퇴각했다. 러시아 원정 실패 이후 나폴레옹은 대프랑스 동맹군에 결국 패배하여 몰락했다. 1815년의 일이다.

20여 년에 걸친 나폴레옹 전쟁으로 유럽 경제는 엉망으로 망가졌고, 백성의 삶은 피폐할 대로 피폐했다. 하루하루 끼니 해결도 어려운 마당에 엎친 데 덮친 격으로 19세기 초반 남부 독일에서 흔한 음식이었던 '자우마겐Saumagen'을 먹고 식중독에 걸리는 사례가 급증했다. 자우마겐은 '돼지sau 위magen'라는 뜻 그대로 돼지의 위장에 돼지고기와 감자, 당근 등을 다져 넣고 익힌 소시지로, 우리나라의 순대와 비슷하다. 1802년 그 지역 당국은 자우마겐 섭취에 주의하라는 안내문을 발표했다.

1817년 시인이자 의사였던 유스티누스 케르너Justinus Kerner는 자우마겐 뿐만 아니라 모든 소시지가 상하면 같은 식중독을 일으킨다고 지적하고, 동물 실험을 포함한 후속 연구를 진행했다. 실험동물의 사체를 부검한 결과 직접 사인은 호흡기와 심장 기능 상실로 밝혀졌다. 케르너는 심지어 자신을 대상으로 용감한 인체실험까지 감행했다. 독소의 신맛을 기준으로 미량 섭취했더니 약하게 식중독 증세가 나타났다. 그는 이 독소가 소시지가 썩을 때 산소가 없는 상태에서 만들어지며 신경계에 영향을 주기 때문에 아주 적은 양으로도 치명적이라는 결론을 내렸다. 케르너가 살던 시절에는 이 식중독을 단순히 '소시지 중독'이라고 불렀다. 반세기가 지나 1870년대에 와서 소시지를 뜻하는 라틴어 '보툴루스botulus'를 활용해 '보툴리스무스botulismus'라는 병명이 생겨났다.

1895년에는 벨기에 한 마을의 장례식장에서 34명이 집단 식중독을 일으켰다. 환자 모두 절인 훈제 햄을 먹었는데, 산동교감 신경의 지배를 받는 동공 확대근의 작용으로 동공이 지름 4mm 이상으로 커지는 현상과 근육 마비 현상을 보였다. 안타깝게도 이 가운데 셋은 끝내 목숨을 잃었다. 겐트대학교 미생물학 교수 에밀 피에르 반 에르멘겜Emile Pierre Van Ermengem이 문제의 햄 분석과 부검에 참여했다. 그 또한 그 유명한 코흐의 문하생이었다.

반 에르멘겜은 소금에 절인 날고기와 식중독 사망자의 조직에서 같은 세균을 발견하고 처음으로 소시지 중독과 세균을 연관시켰다. 1897년 보고서에서 그는 이 세균이 내생포자를 만드는 절대 혐기성 세균이라고 서술하면서 '바실루스 보툴리누스Bacillus botulinus'라고 명명했다. 후속 연구가 이어졌고, 이듬해 공식 이름이 '클로스트리듐 보툴리눔Clostridium botulinum'으로 정해졌다.[84]

무시무시한 생물무기에서 의약품으로 변신한 독소

3장에서 이미 얘기한 대로(95쪽 참조) 제1차 세계대전 중 독일은 생물무기 사용을 처음으로 감행했다. 그나마 불행 중 다행으로 성공적이지는 않았다. 그러나 불행히도 생물무기에 대한 욕심을 버리지 못한 인간은 연구를 계속했다. 1920년대에 스위스 출신 미국 교수 헤르만 조머Herman Sommer가 보툴리눔 독소 정제에 성공했다. 제2차 세계대전이 시작되자 미국 국립 과학원은 메릴랜드주에 있는 군 연구소 포트 데트릭Fort Detrick에서 비밀리에 보툴리눔 독소 연구를 진행했다.

아울러 미국 전략사무국에서는 보툴리눔 독소를 사용해 일본

군 고위 간부를 암살할 계획을 세웠다. 중국 매춘부를 통해 독소가 든 작은 젤라틴 캡슐을 음식이나 음료에 몰래 넣으려는 시도였는데, 중도에 계획이 폐기되었다. 캡슐을 중국 중경에 반입해 유기된 당나귀들을 대상으로 거듭 확인 시험을 했는데, 그들 모두 멀쩡했기 때문이다.[85] 하지만 여기에는 당나귀의 비밀이 숨어 있었다. 몇 년 후 연구진이 당나귀가 보툴리눔 독소에 면역성이 있는 몇 안 되는 생물 종 가운데 하나라는 사실을 발견한 것이다. 그러나 2019년 당나귀가 보툴리눔 독소에 중독된 첫 사례가 보고되어, 말과는 비교가 불가능할 만큼 내성이 강하지만 당나귀도 보툴리눔 독소에 중독될 수 있는 것으로 드러났다.[86]

식중독의 주범에서 생물무기 후보로 계속해서 어둠 속에 머물던 보툴리눔 독소에게 개과천선의 기회가 찾아왔다. 미국의 안과 의사 앨런 스콧Alan Scott은 1960년대부터 사시 교정치료를 위해 기존과 같이 수술을 하는 대신 안구근육눈알에 붙은 근육으로 좌우에 각각 일곱 개씩 있으며, 눈을 돌리는 기능을 함에 약물을 주입하는 방법을 연구하고 있었다. 여러 물질을 테스트해봤지만 이렇다 할 효과를 보지 못하던 차에 보툴리눔 독소가 눈에 들어왔다.

보툴리눔 독소는 신경에서 근육으로 전달되는 화학 신호를 차단해 근육을 마비시킨다. 그래서 이것에 중독되면 서서히 마비 증상을 겪다가 결국 호흡 또는 심장 정지로 목숨을 잃게 된다. 스콧은 이러한 근육 마비에 착안했다. 정제한 독소를 국소적으로 적당

당나귀가 보툴리눔 독소에
면역성이 있는 몇 안 되는 생물 종 가운데
하나라는 사실을 발견한 것이다.
그러나 2019년 당나귀가 보툴리눔 독소에
중독된 첫 사례가 보고되어, 말과는 비교가
불가능할 만큼 내성이 강하지만
당나귀도 보툴리눔 독소에
중독될 수 있는 것으로 드러났다.

량 투여하면 원하는 근육 교정 효과가 있을 거로 예상했다. 원숭이를 대상으로 한 실험 결과는 매우 성공적이었다. 확신을 얻은 스콧은 1978년 미국 식품의약국US FDA으로부터 임상 시험 승인을 받아 자원자에게 시술했다. 시험 결과 그 효과와 안정성이 입증되자 1년 뒤 FDA는 A형 독소를 인체 특정 부위에 사용하는 것을 승인했다. 참고로 보툴리눔 독소는 A형부터 G형까지 총 일곱 종류가 있는데, 의약품으로 주로 사용되고 있는 것은 정제된 A형이다.

1987년 캐나다인 의사 부부가 대화를 나누다 보툴리눔 독소의 새로운 용도를 우연히 발견했다. 눈꺼풀 떨림 환자의 미간에 보톡스를 주사했는데, 신기하게 주름까지 없어졌다는 안과 의사 아내의 말을 들은 순간, 피부과 의사인 남편의 머릿속에서 아이디어가 번뜩였다. 바로 이 독소를 주름 개선 시술에 활용하는 것이었다.

1991년 미국 제약회사 엘러간Allergan Inc.은 보툴리눔 독소 A형에 관한 모든 지식재산권을 매입해 '보톡스Botox®'라는 제품명으로 출시했다. 2년 뒤에는 영국 제약회사가 조성을 조금 다르게 하여 '디스포트DYSPORT®'라는 제품을 내놓았다. 이 브랜드의 이름은 '근긴장이상증dystonia'에서 유래했다. 현재 보툴리눔 독소 A형은 다양한 제품으로 만들어져 시판되고 있으며, 전문의의 손에서 거의 기적과 같은 효과를 내고 있다. '독도 잘 쓰면 약이다'라는 속담을 제대로 실현하면서 말이다.

2021년 7월, 국내 한 일간지에 보톡스와 관련된 흥미로운 기사가 실렸다. 해당 신문이 앞선 보도 기사에서 보톡스라는 용어를 사용한 것에 대해 엘러간이 타사의 보툴리눔 독소 제품을 보톡스로 표기하거나 언급하지 말아달라는 협조 요청을 해왔다는 내용이었다.[87] 같은 용도로 사용하는 여러 의약품 가운데 자사 제품을 대표 주자 격으로 표기하면 홍보에 도움이 될 것 같은데 사용 자제를 요구했다니 그 저의가 궁금하다.

자초지종을 알고 보니 그럴 만한 이유가 있었다. 보톡스를 보통 명사처럼 사용하지 말라고 한 건, 이른바 '관용표장화'를 방지하기 위한 선제적 노력의 일환이었다. 관용표장화란 특정 상표가 너무 유명해져 해당 상품 그 자체를 지칭하는 현상을 말한다. 만약 보톡스가 관용표장화되면 엘러간은 더 이상 상표권을 주장할 수 없게 된다. 말하자면 어떤 제약사라도 원하면 보톡스라는 이름으로 제품을 팔 수 있게 된다는 얘기다.

비단 상표뿐만 아니라 보툴리눔 독소 제품을 둘러싼 특허 전쟁도 숨 가쁘게 진행되고 있다. 독소를 생산하는 주인공은 세균(클로스트리듐 보툴리눔)인데 야생 세균은 특허의 대상이 아니니, 독소의 정제 또는 가공 방법을 나름대로 변형해 특허권을 주장한다. 그런 과정에서 법정 다툼이 수시로 벌어지곤 한다. 치명적인 식중독 독소로 데뷔해 생물무기 후보를 거쳐 초절정 인기 의약품이 되었으니, 보툴리눔 독소의 환골탈태換骨奪胎가 경이롭다.

영국을 구하고 이스라엘 건국을 도운 세균

제1차 세계대전이 시작되자 영국은 아세톤이 절실해졌다. 오늘날 아세톤은 매니큐어 제거에 사용하는 액체로 흔히 알려져 있다. 전쟁에 이런 용도로 쓰일 리는 만무하고, 아세톤이 '코르다이트cordite'라는 무연 화약 제조 원료이기 때문에 필요한 것이었다. 당시 영국군은 흑색 화약 대신 코르다이트를 탄약 추진제로 사용하고 있었다. 유럽 본토에서 수입해 쓰고 있었는데 전쟁으로 운송 경로가 끊겨 문제가 생긴 것이다. 이때 '클로스트리듐 아세토부티리쿰Clostridium acetobutylicum'이라는 세균이 도우미로 등장했다. 그 산파 역할은 하임 바이츠만Chaim Weizmann이 맡았다.[88]

러시아 태생의 유대인 바이츠만은 독일과 스위스를 거쳐 1910년 영국시민권을 얻어 맨체스터대학교에서 연구를 수행하고 있었다. 그의 이민 서류에 최종 승인 서명을 한 내무장관은 처칠이었는데, 이들의 운명은 여기에서 끝이 아니었다. 당시 바이츠만은 합성 고무 제조 기술을 개발하는 연구에 몰두하고 있었다. 20세기로 접어들어 급증한 고무 수요를 천연 고무만으로는 감당할 수 없었기 때문이다. 합성 고무를 만들기 위해서는 우선 특정 알코올(아이소아밀알코올isoamyl alcohol)을 다량 확보해야 했다. 효모의 알코올 발효에서 에탄올과 함께 부산물로 소량 생산되는 물질이다.

바이츠만은 효모보다 아이소아밀알코올을 더 많이 생산할 수 있는 미생물을 찾고 있었다. 원하는 미생물을 선별하는 1차 도구는 본인 후각이었다. 발효가 진행되는 시험관에 코를 대고 냄새를 맡았다. 마침내 세균 하나가 1차 테스트를 통과했다. 그런데 정밀 조사 결과, 원하던 것이 아닌 뷰틸 알코올과 아세톤을 생산하는 것으로 밝혀졌다. 이를 본 연구 책임 교수는 쓸데없으니 버리라고 차갑게 말했다. 하지만 바이츠만은 그 균주, 클로스트리듐 아세토부티리쿰을 보관했다. 영국에게는 천만다행이었다.

1912년 여름, 바이츠만은 보수 문제로 그 교수와 결별했다. 하지만 녹말을 발효해서 뷰틸 알코올을 만드는 연구는 계속했다. 옥수숫가루에서 녹말 분해 세균을 분리해 100여 번을 새로운 배지로 계속 옮겨 키우며 세균을 개량해나갔다. 세균은 세대 기간이 무척 짧다. 클로스트리듐 아세토부티리쿰의 경우에는 최적의 조건에서 두 시간에 한 번 정도 분열한다. 원하는 조건에서 계속 배양하면 할수록 세균은 세대를 거듭하며 그 조건에 더욱 적응해간다. 말하자면 자연 상태에서 수백만 년에 걸쳐 일어나는 진화 과정을 실험실에서 몇 년 내로 단축하는 것이다. 결국 '유레카'의 순간은 찾아왔고, 바이츠만은 1915년 3월 실험실 진화를 통해 개량한 우수 균주를 특허 등록했다.

1916년 바이츠만은 처칠의 호출을 받았다. 대면 자리에서 처칠이 이렇게 말했다고 한다. "바이츠만 박사님, 아세톤 3만 톤이 필요합니다. 해낼 수 있겠습니까?" 그때까지 바이츠만 실험실에서 만든 아세톤은 아직 1ℓ에도 못 미쳤으니 바이츠만에게도 처칠에게도 이 시도는 대단한 모험이었다. 영국 정부는 일부 반발을 무릅쓰고 대형 증류주 공장을 아세톤 생산 시설로 전환했고, 바이츠만의 지휘 아래 처칠의 바람은 결국 현실이 되었다. 클로스트리듐 아세토부티리쿰은 성공적으로 아세톤을 생산해 영국을 위기에서 구해냈고, 바이츠만에게는 큰 선물을 주었다. 일단 바이츠만은 1916년 영국 해군 연구소 소장에 임명되어 1919년까지 활동했다. 하지만 이건 시작에 불과했다.

바이츠만은 영국 총리를 비롯해 유력 정치인들과 아주 돈독한 인맥을 유지하고 있었다. 이번에는 바이츠만이 부탁했다. 자신이 적극적으로 옹호하는 시오니즘Zionism이 실현될 수 있게 도와달라고 말이다. 시오니즘이란 세계 각지에 흩어져 있던 유대인들이 그들 조상의 땅인 팔레스타인에 국가를 건설하려는 운동이다. 영국은 '벨푸어 선언'으로 화답했다. 1917년 11월 2일, 영국 외무장관 아서 제임스 밸푸어Arthur James Balfour가 팔레스타인에 민족적 고향을 건설하겠다는 유대인의 의지를 지지한다고 선언했다. 물론 영국도 자국의 이익을 추구하는 셈법하에 한 선언이었지만, 클로스트리듐 아세토부티리쿰이 아니었다면 상황은 많이 달라졌을 것이다. 결국 1948년 이스라엘 건국으로 시오니즘은 실현되었다. 그리고 바이츠만은 1949년 이스라엘의 초대 대통령으로 추대되었다.

전쟁이 끝나고 숨은 주인공인 세균도 민간 기업으로 진출해

1960년대까지 영국과 미국 등지에서 아세톤과 뷰틸 알코올 생산을 이끌었다. 그러나 석유화학 공정에서 훨씬 더 저렴하게 대량생산할 수 있는 공법이 개발되면서 이 세균을 이용한 발효 산업은 역사의 뒤안길로 사라져버렸다.

난치병 환자를 살리는 똥은행의 설립

2012년 미국 보스턴에 인류 역사상 처음으로 '똥은행'이 문을 열었다. '오픈바이옴OpenBiome[89]'이라는 이름을 가진 이곳은 '클로스트리듐 디피실리Clostridium difficile(2016년 속명이 '클로스트리디오데스 Clostridioides'로 바뀜)' 감염으로 인한 만성 염증성 장 질환 환자를 도우려는 친지의 열망에 과학자들의 호기심이 합쳐져 세워진 비영리 기관이다. 줄여서 '시디프C. diff'라고 부르는 이 클로스트리듐균은 자연환경과 인간을 비롯한 동물의 분뇨에서 흔히 발견된다. 인구의 10% 정도까지 시디프를 장 속에 지니고 있다고 추정한다. 보균자 대부분은 아무런 증상이 없지만 배변을 통해 지속해서 시디프를 배출한다. 그래서 개인위생 및 공중위생이 제대로 지켜지지 않으면 시디프에 노출되어 감염으로 이어지기 쉽다.

시디프는 병원과 요양원 같은 장기요양 시설에서 특히 더 많이 발견된다. 연구 결과에 따르면 병원 입원 환자 중에는 최대 다섯 명에 하나꼴로, 요양원 입소자의 경우에는 절반 정도가 시디프 보균자로 나타났다. 이들 대부분은 무증상 감염자다. 따라서 해당 시설에서 소독 및 방역을 제대로 하지 않으면 시디프 내생포자가 침대나 화장실, 각종 비품에 수개월 넘게 남아 있으면서 환자와 의료진 사이에서 퍼져나가기 쉽다.

시디프는 세포를 파괴하고 염증을 일으키는 독소를 생산한다. 발병하면 복통 및 메스꺼움과 함께 하루에 세 번 이상 설사를 유발한다. 더 악화하면 대장에 염증이 심해지고 설사 빈도수가 하루에 열 번을 넘어가면서 심한 복통과 경련, 발열, 체중 감소가 나타난다. 그런데 다행스럽게도 건강한 사람의 체내에서는 시디프가 별 문제를 일으키지 않는다. 왜 그럴까?

안정된 장내 미생물 생태계에서 시디프는 별 볼 일 없는 구성원이다. 하지만 생태계가 교란되면 이 세균의 태도가 돌변한다. 예를 들어 경구용 항생제를 장기간 먹으면 표적 병원균뿐 아니라 정상 구성원도 피해를 보는데, 세균에 따라 그 정도가 다르다. 얄궂게도 시디프는 다른 구성원들에 비해서 항생제 내성이 강하다. 따라서 장내 미생물 생태계가 항생제에 노출되는 시간이 길어질수록 시디프는 세를 더욱 불려 나간다. 경쟁자가 줄어들면서 수적 우위를 점하게 되면 시디프가 생산하는 독소의 양도 그만큼 많아지므로 염증과 설사를 유발한다.

비유컨대 시디프는 평소에는 다른 여러 유익균들의 눈치를 보는 기회주의자처럼 행동하다가 어느 순간 그 수가 많아지면 조직폭력배 행세를 한다. 이런 지경에 이르면 항생제는 치료는커녕 오히려 상황을 더 악화시킨다. 그나마 남아 있는 유익균들만 치명타를 입게 되고, 그럴수록 시디프의 위세는 커지기 때문이다. 결론적으로 부적절한 항생제를 사용해서 생긴 질병을 치료하기 위해서는 항생제가 아닌 다른 무언가가 필요하다.

항생제 치료에 실패한 시디프 감염증 환자들에게는 '대변 미생물상 이식Fecal Microbiota Transplantation, FMT', 쉽게 말해서 '똥 이식'이 희망이다. '미생물상'이란 해당 환경에 사는 미생물을 통틀어 이르는 말이다. 이 치료법의 핵심은 정상 음식물 섭취가 어려운 환자에게 영양주사를 놓는 것처럼, 좋은 미생물을 대장에 직접 넣어주는 것이다. 그런데 불행히도 현재의 기술로 배양할 수 있는 미생물은 자연계에 존재하는 것의 1% 남짓이고, 배양한다고 하더라도 좋은 균을 선별해낼 수 없다. 그래서 생각해낸 기발한 대안이 건강한 사람의 '좋은 똥'을 이식하는 것이고, 바로 그 원료를 공급하기 위해 똥은행 오픈바이옴이 세워진 것이다. 그런데 도대체 그 원료를 어떻게 조달할까?

오픈바이옴의 핵심 자산인 인분은 오로지 기부에 의존한다. 기부 자격이 아주 깐깐해서 헌혈보다 '헌분獻糞'이 훨씬 더 어렵다. 일단 18세 이상 49세 이하의 건강한 사람만이 지원 가능하고, 이후 오픈바이옴에서 시행하는 별도 검사를 통과해야 비로소 헌분을 할 수 있다. 헌분자는 회당 50달러의 수고비를 받는다. 따지고 보면 말이 수고지 그냥 남의 화장실에서 큰일을 보면 되는 건데, 매일 하면 한 달 수입이 150만 원 이상이다. 세상에서 가장 보람되고 수지맞는 부업이라 하겠다.

헌분은 시작에 불과하다. 모인 똥은 각종 검사를 거치며 까다로운 선별 기준을 충족해야만 살아남는다. 2019년까지 오픈바이옴이 처리한 인분 누적량만 해도 4t이 넘는데, 이 가운데 불과 3% 정도만이 검사를 통과해서 치료제로 거듭났다. 이처럼 이식용 대변을 마련하는 데에는 큰 노력과 비용이 들어간다. 이에 필요한 자금은 제품 판매금으로 충당한다. 현재 오픈바이옴에서는 크게 두 부류, 내시경을 통한 직접 이식용과 경구용 제품을 공급하고 있다. 2021년 7월 기준으로 직접 이식용 1회분과 30알들이 경구용 한 병의 가격은 각각 1,695달러(약 195만 원)와 2,050달러(약 235만 원)[90]다. 좋은 미생물이 '똥값'의 의미를 바꾸어놓은 셈이다.

2021년 현재 오픈바이옴은 미국 내 1,200여 의료 기관과 협력하고 있고, 그동안 공급한 제품 수만 해도 5만 개를 훌쩍 넘는다. 무엇보다도 이를 이용한 환자의 86%가 난치성 시디프 감염증에서 벗어났다고 하니 '좋은 똥'은 정말로 명약인가 보다. 하지만 FMT가 어떻게 이런 효과를 가져오는지는 아직 잘 모른다. 환자의 장내 미생물 생태계의 복원으로 미생물 다양성이 증가하면 건전한 경쟁 속에서 시디프가 자연스럽게 맥을 못 추게 된다고 추정할 뿐이다.

장을 튼튼히 하는 것이 건강의 기본이라고 한다. 섭취한 음식물의 소화를 완결하고 각종 영양분을 혈액 내로 흡수해 온몸으로 퍼질 수 있게 하는 기관임을 생각하면 절로 고개가 끄덕여진다. 미생물에게도 장은 아주 소중한 존재다. 그들에게 장은 고온다습하고 먹이가 풍부한 것이 흡사 지구의 열대 우림과도 같아 아주 좋은 서식지다. 따라서 자연스럽게 우리 몸에서 미생물(대부분 세균)이 가장 많이 사는 곳이기도 하다. 중요한 사실은 장내 미생물의 조화는 장 건강의 초석이지만, 부조화는 장 질환을 비롯한 여러 질병을 부르는 손짓이 된다는 점이다. 그러므로 우리는 장내 미생물이 자신들의 보금자리를 잘 가꾸도록 도와주어야 한다.

장내 미생물의 구성은 개인이 먹는 음식에 따라 달라진다. 고기를 즐겨 먹는 사람은 채소를 좋아하는 사람보다 단백질 분해 능력이 강한 장내 세균을 많이 가지고 있다. 유산균이 풍부한 음식은 건전한 장내 미생물 생태계를 유지하는 것을 도와서 우리의 건강에 도움을 준다. 이러한 사실을 이미 알았던 걸까? 다양한 발효 음식을 개발해 후손들에게 남겨주신 우리 조상들 덕분에 우리나라 사람은 튼튼한 장을 유지해주는 건강식을 매일 먹을 수 있게 되었다. 각종 김치와 젓갈류, 된장, 고추장에다 식혜와 막걸리까지 우리 전통 음식 중에는 유달리 발효 음식이 많다.

미생물 없이 우리는 채 일주일도 버티기 어렵다. 우리는 진정한 인생의 반려자이자 조력자인 미생물과 함께 조화 속에 살아가야 한다. 단언컨대 여기에 선택의 자유는 없다. 인류 탄생의 순간부터 함께해온 미생물은 제대로 알고 자세히 살펴볼 때 그 참모습을 볼 수 있다. 그들은 우리가 어떻게 하냐에 따라 아름답거나(美생물), 맛있거나(味생물), 귀찮고 하찮은(微생물) 존재로 다가온다.

미래 인류의 가장 큰 조력자,
미생물

지구 생물 가운데 막둥이로 태어난 인류는 동물 가운데 최초로 그리고 유일하게 두 발 걷기를 시작했지만, 여전히 육체적 능력은 보잘것없다. 혈혈단신 맨몸으로 야생에 서면 인간은 나약하기 짝이 없는 동물이다. 그런데도 인류는 자연에서 천적들과 싸워 모두 승리했다. 자유로운 손놀림과 명석한 두뇌, 그리고 협동을 통해 무시무시한 맹수들까지 거뜬히 물리치고 지구 생태계의 왕좌를 차지했다. 하지만 유감스럽게도 그렇다고 해서 평화가 찾아온 건 아니다.

인류의 역사는 곧 전쟁의 역사라는 말이 있을 정도로 만족을 모르는 욕망을 채우기 위해서 인간은 인간끼리 다투기 시작했다. 승리한 집단은 식량과 가축, 노예 등을 전리품으로 얻었다. 승자가 만끽하는 만족감과 성취감은 말할 수 없이 달콤했지만, 패자는 굴욕과 고통 속에서 복수심을 불태웠다. 그로 인해 인류는 전쟁이라는 굴레에 말려들게 되었다. 그렇게 인간은 싸우고 또 싸웠다.

서양판 《손자병법》으로 일컬어지는 《전쟁론》에서 저자 카를 폰 클라우제비츠Karl von Clausewitz는 전쟁이란 자신의 의지를 실현하려고 적에게 굴복을 강요하는 폭력 행동이라 정의했다. 여기서 의지 실현과 굴복에 대한 강요는 각각 전쟁의 목적과 목표고, 폭력 행동은 전쟁의 수단이다. 앞서 살펴본 대로 전쟁에서 자행되는 쌍방폭력 과정에서 미생물은 언제나 어부지리를 얻었고, 때로는 전쟁의 향배에 큰 영향을 미치기도 했다. 그러한 미생물의 영향력을 19세기 후반에 와서야 마침내 알아챈 인류는 미생물과의 전쟁을 시작했다.

미생물학의 선구자들에게 미생물은 주로 생명체이기 전에 병원체로 다가왔다. 미생물은 동식물처럼 인간과 함께할 수 있는 존재가 아니라 인간의 목숨을 호시탐탐 노리는 악마 같은 존재였고 박멸의 대상이었다. 다시 한번 말하지만 미생물학은 미생물과의 전쟁을 통해서 발전해온 학문이다. 이 전쟁은 지금도 진행 중이고, 안타깝지만 인류가 존재하는 한 앞으로도 계속될 수밖에 없다. 설상가상으로 코로나19와 같은 신종감염병이 휘몰아치면서 이제 미생물은 완전히 공공의 적으로 내몰리는 지경에 이르렀다. 갈수록 꼬여가는 상황에 대다수의 미생물은 아쉽다 못해 억울할 것 같다. 이런 사태에 대해 분명 인간에게도 상당한 공동 책임이 있기 때문이다.

보통 인간 사회에서 미담은 각종 불미스러운 사건에 가려지곤 한다. 관심을 두고 찾지 않으면 모르고 넘어가기 일쑤다. 이런 분위기가 미생물과 인간의 관계에도 그대로 작용하는 듯하다. 프롤로그에서 일부 소개했듯이 우리가 조금만 눈길을 돌려도 그들이 인류에게 보내는 도움의 손짓을 볼 수 있는데 말이다. 사실 현대 사회를 구동하는 화석연료의 대표 주자인 석유 역시 미생물이 전하는 선물이다.

일반적으로 석탄은 육지 퇴적물에서, 석유와 천연가스는 해양 퇴적물에서 기원했다. 말하자면 석탄은 나무를 비롯한 식물의 잔해고, 석유와 천연가스는 주로 '플랑크톤plankton'의 '바이오매스biomass'에서 유래했다. 바이오매스란 특정 시간에 특정 지역에 존재하는 모든 생명체를 통틀어 지칭하는 용어다. 부유생물이라고도 부르는 플랑크톤은 분류학적인 명칭이 아니라 물의 흐름을 거스르지 못하고 떠서 사는 작은 생물을 통틀어 이르는 말로, 주로 미생물이다. 플랑크톤은 크게 두 부류, 광합성을 하는 식물플랑크톤(광합성 세균과 미세조류)과 먹이를 섭취하는 동물플랑크톤(원생동물과 소형 갑각류)으로 나뉜다.

현재 우리가 사용하는 원유의 70%는 중생대의 산물이고, 나머지는 신생대와 고생대에 각각 20%, 10%씩 생성되었다. 중생대에 원유 매장량이 가장 많은 이유는 그 시기에 지구 기후가 대체로 온

277

난해서 바다에 플랑크톤이 번성했기 때문으로 추정한다. 그 과정은 대략 이랬을 것이다. 플랑크톤은 생을 다하면 물 밑으로 가라앉았다. 계속해서 내려오는 플랑크톤 주검이 밑바닥 흙과 섞이며 서서히 변성되었다. 한마디로 원유는 지층 깊숙이 묻혀서 긴 지질학적 시간에 걸쳐 변성된, 무수한 태곳적 미생물의 바이오매스다. 이렇게 미생물은 인간이 생존을 위해 요긴하게 쓰고 있는 것들을 알게 모르게 제공하고 있다.

기후 변화와 미세먼지를 비롯해 복잡하고 난해한 환경문제가 나날이 심각해지고 있다. 안타깝게도 21세기 환경재난은 국가의 경계가 없는 글로벌 사태로 번지고 말았다. 이런 사태에 이르기까지는 지난 세기 동안 급증한 화석연료의 사용이 가장 큰 원인으로 작용했다. 미생물이 건넨 선물을 우리가 무분별하게 사용했기 때문이라고 할 수 있다. 이제 친환경 에너지의 개발 없이는 미래 인류의 번영은 물론이고 생존 자체를 낙관할 수 없게 되었다. 하지만 이 상황에서도 미생물은 우리에게 한 줄기 희망이 되어준다. 유망한 친환경 대체에너지 가운데 하나가 바이오매스를 원료로 사용해 만드는 '생물연료biofuel'인데 역시 미생물, 그중 조류가 도우미 역할을 톡톡히 할 수 있다.

조류는 아주 매력적인 생물연료 추출원이다. 일단 조류 재배에는 넓고 비옥한 땅이 필요치 않다. 자연수와 풍부한 햇빛만 있으면 된다. 시험 운행 중인 일부 조류 생산 시설에서는 심지어 근처 발전소에서 대기로 방출되는 이산화탄소를 공급해 광합성을 촉진함으로써 조류를 더 빨리 자라게 하기도 한다. 생물연료의 원료 생산과 함께 주요 온실가스인 이산화탄소 배출량을 줄이는 일거양득의 효과를 누리는 것이다.

남북극의 빙하와 심해 화산의 분화구에서 우리 소화관에 이르기까지, 미생물은 지구에 존재하는 생물 중 가장 널리 퍼져 있고 그 종류도 가장 다양하다. 하지만 10장에서도 말했듯이 이토록 많은 미생물 가운데 현재까지 분리하고 배양해서 확인한 것은 후하게 쳐줘도 1% 남짓이다. 자연계에는 아직 우리가 접하지 못한 미지의 미생물들이 무수히 많다는 뜻이다. 우리는 그 수많은 미생물을 눈으로 볼 수도, 몸으로 느낄 수도 없다. 하지만 미생물은 우리가 무엇을 하든, 어디를 가든 늘 함께한다.

과거의 역사와 현재의 경험을 통해서 깨닫고 있듯이, 우리가 무언가를 하면 그에 따라 미생물도 변화하고, 그러면 다시 우리가 영향을 받게 된다. 위대한 미생물학자 파스퇴르가 말한 대로 자연계에서 한없이 작은 것들의 역할은 한없이 크다The role of the infinitely small in nature is infinitely large. 분명한 사실은 미생물이 지구상에서 사라진다면 인간의 삶도 끝이라는 것이다. '반감'보다는 '공감'의 자세로 미생물을 바라보자. 우리는 삶의 반려자이자 조력자인 미생물과 함께 조화 속에 살아가야 하니 말이다.

참고 문헌 ——

1   별도 인용 표기가 없는 역사학과 미생물학 관련 내용의 출처는 각각 현행 고등학교 교과서와 《토토라 미생물학》(Tortora 외 지음. 김응빈 외 옮김. 2014. 바이오사이언스)임.

2   전무진. 2003. 술의 역사와 과학, 그리고 주도. The science & technology (과학과 기술). No. 415: 39-42

3   Liu et al. 2018. Fermented beverage and food storage in 13,000 y-old stone mortars at Raqefet Cave, Israel: Investigating Natufian ritual feasting. Journal of Archaeological Science: Reports. 21:783-793. doi:10.1016/j.jasrep.2018.08.008

4   Alba-Lois, L. and C. Segal-Kischinevzky. 2010. Beer & Wine Makers. Nature Education. 3(9):17

5   《괴제 나폴레옹 3세》. 가시마 시게루 지음, 정선태 옮김. 2019. 글항아리

6   《글로벌 한국사, 그날 세계는 : 사건 vs 사건》. KBS 글로벌 한국사, 그날 세계는 제작팀 지음. 2016. 휴머니스트

7   Baxter, AG. 2001. Louis Pasteur's beer of revenge. Nature Reviews Immunology. 1(3):229-232. doi: 10.1038/35105083

8   《수제 맥주 바이블》. 전영우 지음. 2019. 노란잠수함

9   Libkind, et al. 2011. Microbe domestication and the identification of the wild genetic stock of lager-brewing yeast. Proc. Natl. Acad. Sci. U. S. A., 108:14539-14544

10 Bing et al. 2014. Evidence for a Far East Asian origin of lager beer yeast. Curr. Biol. 24:R380.R381. http://dx.doi.org/10.1016/j.cub.2014.04.031

11 Ataman et al. 2013. Medicine in stamps-Ignaz Semmelweis and Puerperal Fever. J Turk Ger Gynecol Assoc. 14(1): 35-39. doi: 10.5152/jtgga.2013.08

12 Carter et al. 1995. Five documents relating to the final illness and

death of Ignaz Semmelweis. Bull Hist Med 69(2):255-270

13 Online Etymology Dictionary. https://www.etymonline.com/

14 Cholera. WHO Monograph Series No. 43. 1959

15 Clemens et al. 2017. Cholera. Lancet. 390(10101):1539-1549. doi: 10.1016/S0140-6736(17)30559-7

16 Smith, K.A. 2012. Louis pasteur, the father of immunology? Front. Immunol. 3:68. doi: 10.3389/fimmu.2012.00068

17 Hawgood, B.J. 2007. Waldemar Mordecai Haffkine, CIE (1860.1930): prophylactic vaccination against cholera and bubonic plague in British India. J. Med. Biogr. 15(1):9-19. doi: 10.1258/j.jmb.2007.05-59

18 http://sillok.history.go.kr/id/kwa_12108013_001

19 《한국전염병사》. 대한감염학회 지음. 2009. 군자출판사

20 정태화 등. 1995. 지구촌 콜레라 유행의 역사와 우리나라의 현황. 임상병리검사과학회지. 27(1):7-19

21 Ganesan et al., 2020. Cholera surveillance and estimation of burden of cholera. Vaccine. 38:A13-A17

22 Pesapane et al. 2015. Hieronymi Fracastorii: the Italian scientist who described the "French disease". An Bras Dermatol. 90(5):684-686. DOI: http://dx.doi.org/10.1590/abd1806-4841.20154262

23 Pitt and Aubin. 2012. Joseph Lister: father of modern surgery. Can J Surg. 55(5): E8–E9. doi: 10.1503/cjs.007112

24 Matuschek et al. 2020. The history and value of face masks. Eur. J. Med. Res. 25:23. https://doi.org/10.1186/s40001-020-00423-4

25 Blevins and Bronze. 2010. Robert Koch and the 'golden age' of bacteriology. International Journal of Infectious Diseases. 14: e744-e751

26 Sternbach, G. 2003. The history of anthrax. Journal of Emergency Medicine. 24(4):463-467. doi:10.1016/S0736-4679(03)00079-9

27 《한국전염병사》. 대한감염학회 지음. 2009. 군자출판사

28   정재훈. 2001. 위구르 유목제국(744~840)의 붕괴와 유목세계의 재편. 동양
        사학연구. 76:131-163

29   Cano, R.J. and Borucki, M. 1995. Revival and identification of
        bacterial spores in 25 to 40 million year old Dominican amber.
        Science 268:1060-1064. DOI: 10.1126/science.7538699

30   Metcalfe, N. 2002. A short history of biological warfare. Medicine,
        Conflict and Survival. 18(3):271-282. DOI: 10.1080/13623690208409635

31   History of Anthrax. https://www.cdc.gov/anthrax/basics/anthrax-
        history.html

32   《Venereal Diseases》. Office of Health Economics. 1963

33   홍용진. 프랑스 왕가. 네이버 지식백과. https://terms.naver.com/list.nav
        er?cid=56790&categoryId=56791&so=st4.asc

34   《질병이 바꾼 세계의 역사》. 로날트 D. 게르슈테 지음, 강희진 옮김. 2020. 미
        래의창

35   Tampa et al. 2014. Brief history of syphilis. J. Med. Life. 7(1):4-10

36   Online Etymology Dictionary(https://www.etymonline.com/)

37   신규환. 2008. 개항, 전쟁, 성병: 한말 일제초의 성병 유행과 통제. Korean J.
        Med. Hist. 17:239-255

38   Franzen, C. 2008. Syphilis in composers and musicians--Mozart,
        Beethoven, Paganini, Schubert, Schumann, Smetana. Eur. J. Clin.
        Microbiol. Infect. Dis. 27(12):1151-1157

39   Majander et al. 2020. Ancient bacterial genomes reveal a high
        diversity of Treponema pallidum strains in early modern Europe.
        Curr. Biol. 30(19):3788-3803. doi: 10.1016/j.cub.2020.07.058

40   Vernon, G. 2019. Syphilis and Salvarsan. Br. J. Gen. Pract. 69(682):
        246. doi: 10.3399/bjgp19X702533

41   Drali et al. 2014. Typhus in World War I. Microbiol. Today. May Issue,
        58-61

42   Atenstaedt, A. 2014. A microbiological cause for trench foot?

Microbiol. Today. May Issue, 66-68

43   Wever and van Bergen. 2014. Death from 1918 pandemic influenza during the first world war: a perspective from personal and anecdotal evidence. Influenza Other Respir. Viruses. 8(5):538-546

44   《한국전염병사》. 대한감염학회 지음. 2009. 군자출판사

45   Shanks, G.D. 2015. Insights from unusual aspects of the 1918 influenza pandemic. Travel Med. Infect. Dis. 13(3):217-222. doi:10.1016/j.tmaid.2015.05.001

46   https://www.cdc.gov/flu/pandemic-resources/reconstruction-1918-virus.html

47   Taubenberger et al. 1997. Initial genetic characterization of the 1918 "Spanish" influenza virus. Science. 275:1793-1796

48   Shanks G.D. 2014. How World War 1 changed global attitudes to war and infectious diseases. Lancet. 384(9955):1699-1707. doi: 10.1016/S0140-6736(14)61786-4

49   Fleming, A. 1929. On the antibacterial action of cultures of a Penicillium with special reference to their use in the isolation of B. influenza. Br. J. Exp Pathol. 10(3): 226-236

50   Uhlendahl and Gross. 2020. Victim or profiteer? Gerhard Domagk (1895-1964) and his relation to National Socialism. Pathol. Res. Pract. 216(6):152944. doi: 10.1016/j.prp.2020.152944

51   Ligon, B.L. 2004. Sir Howard Walter Florey - the force behind the development of penicillin. Semin. Pediatr. Infect. Dis. 15(2):109-114. doi: 10.1053/j.spid.2004.04.001

52   Kardos and Demain. 2013. Ernst Chain: a great man of science. Appl. Microbiol. Biotechnol. 97(15):6613-6622. doi: 10.1007/s00253-013-5017-4

53   Gaynes, R. 2017. The discovery of penicillin-new insights after more than 75 years of clinical use. Emerg. Infect. Dis. 23(5):849-853

54   《서민 교수의 의학 세계사》. 서민 지음. 2018. 생각정원

55   Wainwright, M. 2004. Hitler's penicillin. Perspect. Bio.l Med. 47(2):189-198. doi: 10.1353/pbm.2004.0037

56   대한결핵협회(https://www.knta.or.kr/tbInfo/tbCondition/tbCondition.asp). 2021.06.13 접속.

57   《한국전염병사》. 대한감염학회 지음. 2009. 군자출판사

58   대한결핵협회. 2006. 역사 속 결핵이야기. 보건세계. 53(12):48–51

59   Hitchens1, A.P. and Leikind, M.C. 1939. The Introduction of Agar-agar into Bacteriology. J. Bacteriol. 37(5):485-493

60   Sakula, A. 1982. Robert Koch: centenary of the discovery of the tubercle tacillus, 1882. Thorax. 37(4):246-251. doi: 10.1136/thx.37.4.246

61   Wannamaker and Pulask. 1958. Pyogenic neurosurgical infections in Korean battle casualties. J. Neurosurg. 15:512-518

62   〈BCG 백신 확인, 역가시험법 매뉴얼〉. 2012. 식품의약품안전평가원

63   결핵 진료지침 개정위원회. 2017 결핵진료지침. 질병관리청

64   Escobar et al. 2019. BCG vaccine protection from severe coronavirus disease 2019 (COVID-19). Proc. Natl. Acad. Sci. USA. 117(30):17720-17726. doi: 10.1073/pnas.2008410117

65   Fu et al. 2021. Reconcile the debate over protective effects of BCG vaccine against COVID-19. Sci. Rep. 11, 8356. . https://doi.org/10.1038/s41598-021-87731-9

66   Smadel, J.E. 1953. Epidemic hemorrhagic fever. Am. J. Public Health. 43(10):1327-1330. doi: 10.2105/ajph.43.10.1327

67   '살아있는 과학기술계 위인, 이호왕', 한국과학기술한림원 웹진 〈In+Sight〉, 2015.06

68   질병관리청 감염병포털. http://www.kdca.go.kr/npt/biz/npp/ist/bass/bassDissStatsMain.do

69   Hetman et al. 2014. Were the English sweating sickness and the

Picardy sweat caused by hantaviruses? Viruses. 6:151-171. doi: 10.3390/v6010151

70 《미생물이 플라톤을 만났을 때》. 김동규, 김응빈 지음. 2019. 문학동네. p.180

71 《전쟁사 문명사 세계사 1》. 허진모 지음. 2020. 미래문화사

72 Cunha, B.A. 2004. The cause of the plague of Athens: plague, typhoid, typhus, smallpox, or measles? Infect. Dis. Clin. N. Am. 18:29-43. doi: 10.1016/S0891-5520(03)00100-4

73 Papagrigorakis et al. 2006. DNA examination of ancient dental pulp incriminates typhoid fever as a probable cause of the Plague of Athens. Int. J. Infect. Dis. 10(3):206-214. doi: 10.1016/j.ijid.2005.09.001

74 Papagrigorakis et al. 2013. The plague of Athens: an ancient act of bioterrorism? Biosecur. Bioterror. 11(3):228-229. doi: 10.1089/bsp.2013.0057

75 FDA-Food Safety A to Z Reference Guide–Salmonella, https://www.fda.gov/media/90663/download

76 Williamson et al. 2021. Richard Pfeiffer's typhoid vaccine and Almroth Wright's claim to priority. Vaccine. 39:2074-2079. doi: 10.1016/j.vaccine.2021.03.017

77 Brightman, C. 2015. Typhoid fever: yesterday, today and unfortunately still tomorrow. Trends in Urology & Men's Health. 6(6):17-20. DOI:10.1002/tre.491

78 《살아있는 세계사 교과서 2》. 전국역사교사모임 지음. 2011. 휴머니스트

79 Marineli et al. 2013. Mary Mallon (1869-1938) and the history of typhoid fever. Ann. Gastroenterol. 26(2): 132-134

80 《페스트》. 알베르 카뮈 지음. 유호식 옮김. 2015. 문학동네

81 Calhoun et al. 2008. Multidrug-resistant Organisms in Military Wounds from Iraq and Afghanistan. Clin. Orthop. Relat. Res. (2008)

466:1356-1362. DOI 10.1007/s11999-008-0212-9

82   Krylov et al. 2019. Charles Bell as an illustrator of military trauma (1809 and 1815). History of Medicine. 6(1):32-40. https://doi.org/10.17720/2409-5583.v6.1.2019.04d

83   Kaufmann, S.H.E. 2017. Remembering Emil von Behring: from Tetanus Treatment to Antibody Cooperation with Phagocytes. mBio. 28;8(1):e00117-17. doi: 10.1128/mBio.00117-17

84   Kopera, D. 2011. Botulinum toxin historical aspects: from food poisoning to pharmaceutical. Int. J. Dermatol. 50(8):976-980. doi: 10.1111/j.1365-4632.2010.04821.x

85   Ting and Freiman. 2004. The story of Clostridium botulinum: from food poisoning to Botox. Clin. Med. 4(3):258-261. doi: 10.7861/clinmedicine.4-3-258

86   Lanci et al. 2019. The first case of botulism in a donkey. Vet. Sci. 6(2):43. doi: 10.3390/vetsci6020043

87   https://news.joins.com/article/24102455

88   Wax et al. 2007. Manipulation of human history by microbes. Clin. Microbiol. Newsl. 29(2):9-16

89   www.openbiome.org

90   https://www.openbiome.org/treatment-information

이미지 출처 ——

26쪽   와인. Freepik.com

31쪽   루이 파스퇴르. Paul Tournachon Nadar. 1895년 이전. public domain

54쪽   산욕열로 인한 월별 사망률. power.corrupts. 2008. public domain. 월 표기 삭제

58쪽   제멜바이스를 기리는 독일 우표. https://commons.wikimedia.org/wiki/
        File:Stamps_of_Germany_(DDR)_1968,_MiNr_1389.jpg. 1968년 발
        행. 2009년 편집. public domain

82쪽   로마의 새 부리 의사. 파울루스 휴스트. 1656. public domain

86쪽   막대 모양의 탄저균. Centers for Disease Control and Prevention.
        public domain

88쪽   로베르트 코흐. Unknown. 1885년경. public domain

108쪽   샤를 8세. Anonymous. https://commons.wikimedia.org/wiki/
        File:CHARLES_VIII_portrait.jpg. 흑백 처리

112쪽   양매나무 열매. Alpsdake. https://commons.wikimedia.org/wiki/
        File:Morella_rubra_(fruits).jpg. 2021. 이미지 일부 사용. 흑백 처리

116쪽   매독. 제바스티안 브란트. 1496. Wellcome Collection

124쪽   파울 에를리히. Unknown. 1910년경. public domain

144쪽   담배모자이크 바이러스. Unknown. 2006. public domain

164쪽   페니실륨 노타툼. Crulina 98. https://commons.wikimedia.org/wiki/
        File:Penicillium_notatum.jpg. 2009. 흑백 처리

174쪽   2만 배 확대한 황색포도상구균. Content Providers(s): CDC/ Matthew
        J. Arduino, DRPH. Photo Credit: Janice Haney Carr. 2001. public
        domain

174쪽   메티실린에 내성이 있는 황색포도상구균. NIH. 2012. public domain

187쪽   스트리킹. CDC/James Gathany. 2005. public domain

196쪽   펠릭스 데렐. Institut Pasteur- Photothèque. 1905년경. public domain

212쪽   한타바이러스 감염 경로. https://www.scientificanimations.com. 2019.
        흑백 처리

247쪽   '장티푸스 메리'라 불린 메리 맬런. Unknown. 1909. public domain

263쪽   당나귀. pixabay

술, 질병, 전쟁: 미생물이 만든 역사

초판 1쇄 발행 2021년 10월 20일
초판 4쇄 발행 2024년 3월 8일

지은이 김응빈
펴낸이 안병현 김상훈
본부장 이승은 **총괄** 박동옥 **편집장** 임세미
편집 한지은 **마케팅** 신대섭 배태욱 김수연 **제작** 조화연

펴낸곳 주식회사 교보문고
등록 제406-2008-000090호(2008년 12월 5일)
주소 경기도 파주시 문발로 249
전화 대표전화 1544-1900 **주문** 02)3156-3665 **팩스** 0502)987-5725

ISBN 979-11-5909-875-8 (03900)
책값은 표지에 있습니다.